Livros demais!

Dados Internacionais de Catalogação na Publicação (CIP)
(Câmara Brasileira do Livro, SP, Brasil)

Zaid, Gabriel
Livros demais! : sobre ler, escrever e publicar /
Gabriel Zaid ; [tradução Felipe Lindoso]. —
São Paulo : Summus, 2004.

Título original: So many books
ISBN 85-323-0744-2

1.Editoração 2. Editores e indústria editorial 3. Livros
– Indústria e comércio 4. Livros e leitura I. Título.

04-1483   CDD-070.5

Índice para catálogo sistemático:

1. Livros : Publicação : Mercado editorial : Editoração
070.5

EDITORA AFILIADA

Compre em lugar de fotocopiar.
Cada real que você dá por um livro recompensa seus autores
e os convida a produzir mais sobre o tema;
incentiva seus editores a traduzir, encomendar e publicar
outras obras sobre o assunto;
e paga aos livreiros por estocar e levar até você livros
para a sua informação e o seu entretenimento.
Cada real que você dá pela fotocópia não autorizada de um livro
financia o crime
e ajuda a matar a produção intelectual.

GABRIEL ZAID

Livros demais!
Sobre ler, escrever e publicar

summus
editorial

LIVROS DEMAIS!
Sobre ler, escrever e publicar
Copyright © 1972, 1996, 2004 by Gabriel Zaid
Traduzido a partir da edição atualizada de 2003
da Editora Paul Dry, Filadélfia, EUA.
Direitos desta edição reservados por Summus Editorial

Tradução: **Felipe Lindoso**
Assistência editorial: **Soraia Bini Cury**
Assistência de produção: **Claudia Agnelli**
Projeto gráfico e capa: **BVDA – Brasil Verde**
Ilustração da Capa: **Carlo Zuffellato e Paulo Humberto L. de Almeida**
Editoração eletrônica: **Acqua Estúdio Gráfico**

Summus Editorial
Rua Itapicuru, 613 – 7º andar
05006-000 – São Paulo – SP
Fone: (11) 3872-3322
Fax: (11) 3872-7476
http://www.summus.com.br
e-mail: summus@summus.com.br

Atendimento ao consumidor:
Summus Editorial
Fone: (11) 3865-9890

Vendas por atacado
Fone: (11) 3873-8638
Fax: (11) 3873-7085
e-mail: vendas@summus.com.br

Impresso no Brasil

Sumário

Apresentação	*7*
Prefácio	*9*
Para o leitor impenitente	*13*
A abundância dos livros	*15*
Queixas sobre Babel	*25*
Livros e conversação	*31*
Cultura e comércio	*43*
Algumas questões sobre a circulação dos livros	*49*
O fim do livro	*61*
O custo da leitura	*69*
A oferta e a demanda de poesia	*73*
Um cilício para escritores masoquistas	*77*
Constelações de livros	*79*
Em busca do leitor	*89*
Diversidade e concentração	*105*

Livros demais!

Apresentação

À EDIÇÃO BRASILEIRA

Por muito tempo escrevi e reescrevi um artigo nunca finalizado ao qual dei o título "Mamãe, quero ser editor".

Era um desabafo – por isso nunca terminado, graças a lapsos de diplomacia – em que eu analisava um assunto recorrente preferido: editores que não trabalham com capital de risco, pois usam dinheiro público ou equivalente, têm o prazer dos acertos e não são penalizados pelos erros, mas fazem concorrência às editoras comerciais que, se falharem além da conta, quebram.

Foi portanto com grande alegria que tomei contato com este pequeno livro de Gabriel Zaid que resolvia com melhores palavras o que eu queria expor naquele artigo. E muito mais.

Zaid rompe com dogmas e lendas. Mostra como a tecnologia permite que cada um realize o desejo de ser editor, mas mostra também que o negócio editorial vai muito além da aura romântica sob cujo prisma uma certa intelectualidade e uma certa imprensa quer vê-lo.

Esta obra é leitura obrigatória para profissionais, estudantes e líderes da classe editorial (se é que a classe se permite tê-los). Ela toca em todos assuntos do ciclo, da criação à leitura do livro. A ansiedade dos autores pelo sucesso, a impossibilidade de vender tudo que se produz, a frustração do leitor que nunca lerá tudo que deseja, as novas tecnologias na produção e comercialização são temas analisados de forma prática e bem-humorada. Se não chega a ser um manual para a resolução dos problemas do livro e da leitura, ele é, com certeza, um ótimo mapeamento para se discutir às claras sobre possíveis caminhos.

Não poderíamos deixar de aproveitar a oportunidade e acrescentamos à obra uma introdução que "nacionaliza" as questões abordadas no livro. Ela foi escrita por Felipe Lindoso – que também assina a tradução –, profissional de primeira linha no negócio editorial e na condução de assuntos da classe, profundo conhecedor dos números do mercado, muito além das estatísticas gerais e, principalmente, do significado de seus detalhes. Aqui Felipe "faz a lição de casa", como sempre recomendou aos editores curiosos em entender as pesquisas e aplicar os ensinamentos dos resultados.

RAUL WASSERMANN
Editor

Prefácio

Livros demais no Brasil

Há quatro anos, quando participava no Chile de uma reunião promovida pelo Cerlalc (Centro Regional para o Fomento do Livro na América Latina e no Caribe) para tratar da uniformização das pesquisas de produção do setor editorial em toda a América Latina, recebi da colega mexicana que cuidava da pesquisa por lá um exemplar de *Livros Demais!* em espanhol. Alicia Velásquez acabava de me apresentar a um autor fabuloso. Leitor impenitente, como me classifica Gabriel Zaid, no dia seguinte já tinha lido o volume e começava a propagandear suas virtudes a todos que conhecia. Entre estes Raul Wassermann, editor da Summus e então presidente da CBL, que estava também em Santiago, para outra reunião.

Várias coisas me fascinam no livro de Gabriel Zaid, a começar pela prosa provocadora e bem-humorada com que trata de assuntos que são preocupações comuns a tantos que procuram pensar as questões da produção, distribuição e venda dos livros: editores e livreiros. E aos autores, querendo compreender o mistério da venda ou do encalhe de suas obras. E, certamente, também aos leitores interessados em saber como é possível encontrar, no mar de títulos, aquele livro que lhe interessa ler naquela ocasião específica.

Somos – editores e livreiros – personagens essenciais para que as idéias dos autores deixem de ser simples manuscritos (ou datiloscritos, ou arquivos digitais) e se transformem nos livros que caem na vida. Pois os livros, como os filhos, caem na vida sem controle dos pais e seguem sua trajetória sem que os autores, como os pais, possam controlá-los. Sem a certeza de que chegarão às mãos dos leitores para os quais foram escritos.

Zaid demonstra um paradoxo: existem livros demais no mundo. Tantos que é impossível para um leitor – mesmo o mais voraz e impenitente – conhecer até mesmo a lista de títulos publicados; entretanto, isso não apenas é bom como, assinala Zaid, o fenômeno vai aumentar, graças aos progressos tecnológicos que a cada dia facilitam o trabalho de edição.

Qual o "ardil 22" da questão?

O problema não é editar. O complicado é fazer que cada livro alcance o número ideal de seus leitores, de forma que haja um "encontro feliz" entre o que o autor quis dizer e o que determinados leitores precisam ler. Aí entram em jogo os complicados mecanismos que envolvem editores, distribuidores e livreiros, além de gráficos e distribuidores. E também os bibliotecários, como, aliás, mostra outro interessante livro recém-publicado.[1]

E no Brasil, também publicamos livros demais? De acordo com as pesquisas de produção editorial feitas pela CBL, de 1994 a 2002 foram publicados 392.785 títulos em nosso país. É, realmente, demais! É como se um em cada 427 brasileiros tivesse escrito um livro nesse período. Isso contando crianças, idosos e analfabetos que, se não considerados, causariam grande aumento na relação população/autores deste país que supostamente não lê nem escreve. Na conta, é

---

1. Mathew Battles. *A conturbada história das bibliotecas*. São Paulo: Planeta, 2003 (tradução: João Vergílio Gallerani Cuter).

Livros demais!

como se cada autor tivesse o público de não autores de 426 outros brasileiros, cada um dos quais receberia um exemplar dos 392.785 títulos publicados e, obviamente, não teria nem onde colocá-los.

Como essa conta é fantasiosa, e há os livros que vendem muito e os que vendem pouco, fazer cada um deles chegar a seus leitores não é tarefa de pouca monta.

Em termos absolutos, o mercado editorial brasileiro é muito grande. Em 2002 venderam-se, no país, 320 milhões de exemplares de livros. A maioria desses, entretanto, é de livros escolares, de leitura compulsória. Segundo pesquisa sobre o hábito de leitura e consumo de livros,[2] na população de maiores de 14 anos, alfabetizados, a leitura é dependente da escolaridade e, se dividirmos essa população (86 milhões de pessoas no ano 2000) pelo total de livros, chegaremos à média de 1,21 livro por leitor alfabetizado por ano. Ou seja, precisamos de muito mais livros e, sobretudo, de maneiras mais eficientes de fazer que esses livros cheguem às mãos dos leitores a quem se destinam. O que é grande em termos absolutos transforma-se em ridiculamente pequeno em termos relativos, deixando-nos muito longe do nível de leitura dos países mais adiantados.

Aqui, como alhures, as questões colocadas por Gabriel Zaid são pertinentes, já que o paradoxo se repete. Existe espaço tanto para livros sobre criação de minhocas transgênicas quanto para os *best-sellers* da vida. Até porque, como o mundo dos livros reflete o mundo real, a imensa gama de interesses humanos pode sempre ser objeto de livros. Em cada um desses casos, entretanto, o que importa saber é: a) as minhocas transgênicas certamente terão um público leitor menor, por

---

2. "Retrato da leitura no Brasil", CBL/SNEL/Abrelivros, 2001.

GABRIEL ZAID

mais fundamentais que o autor considere as questões que apresenta; b) fazer cada livro chegar ao seu público é que é o busílis; c) fazer que cada vez mais livros encontrem seus leitores é o desafio final.

O paradoxo se fecha: livros demais são, de fato, livros de menos.

Gabriel Zaid não apresenta receitas. Mostra os problemas e dá indicações das estratégias para enfrentá-los. Indicações que são preciosas neste país sem política específica que facilite o acesso da população aos bens culturais; sem bibliotecas; com livrarias que têm de concorrer com o governo federal para vender livros.

O que resta esperar é que este livro chegue precisamente às mãos daqueles que podem tomar atitudes para que o caminho entre o livro e seu leitor seja mais suave. Uma coisa, porém, é certa: leitores ideais ou não, todos os que mergulharem em *Livros demais!* vão aprender e se divertir muito.

FELIPE LINDOSO
Autor de *O Brasil pode ser um país de leitores?*

Para o leitor
impenitente

A leitura de livros está crescendo aritmeticamente; a escrita de livros está crescendo exponencialmente. Se nossa paixão por escrever não for controlada, no futuro próximo haverá mais pessoas escrevendo livros que lendo.

Lá pelo meio do século XV, quando os livros começaram a ser impressos, algumas centenas de títulos eram publicadas a cada ano, em edições com centenas de cópias. A maior parte era de textos antigos (bíblicos, gregos, romanos, ou as obras dos Pais da Igreja) ou explicações e comentários sobre eles, ainda que se permitisse a alguns escritos contemporâneos misturar-se aos clássicos. Talvez seja esse o motivo pelo qual desde então ver nossas palavras impressas equivale a ser consagrado, imortalizado.

No começo do século XXI, nossa grafomania universal produz um milhão de títulos por ano, com tiragens de milhares de cópias. Pouquíssimos livros são reimpressos, menos ainda traduzidos. Muitos autores não escrevem para seus leitores, mas para rechear seus currículos. No outro extremo estão aqueles que escrevem para o mercado, e ganham dinheiro educando, informando ou entretendo. Os livros que tratamos com carinho são as exceções: livros antigos que merecem ser relidos (os clássicos) e livros contemporâneos escritos na mesma tradição.

Essa forte tradição tem sido enriquecida por inovações que pareciam ameaçá-la. Quando o livro apareceu, Sócrates o rejeitou como inferior à conversação. Quando a imprensa surgiu, alguns leitores mais obstinados recusaram-se a permitir a entrada de produtos industriais em suas bibliotecas e contrataram escribas para copiar os livros impressos. Quando a televisão apareceu, proclamou-se o fim do livro. O mesmo aconteceu com a chegada do CD-ROM e do livro eletrônico. Quando o mercado começou a se consolidar em torno de alguns *bestsellers*, redes de lojas, livrarias virtuais e conglomerados editoriais, temeu-se que a diversidade fosse prejudicada. Mas grandes vendas de alguns títulos não significam que todos os demais desaparecerão – mas, sim, que esses outros livros permanecerão relativamente obscuros. Novas tecnologias (Internet, impressão sob demanda) estão aumentando os milhões de títulos disponíveis. E a conversação continua, ignorada pela televisão, que jamais noticiará: "Ontem um estudante leu a *Apologia* de Sócrates e sentiu-se livre".

A liberdade e a felicidade experimentadas com a leitura viciam, e a força da tradição repousa nessa experiência que, no final das contas, leva todas as inovações a intensificá-la. A leitura liberta o leitor e o transporta do livro para a leitura de si mesmo e de toda a vida. Conduz o leitor a participar de conversações e, em alguns casos, a promovê-las, como fazem tantos leitores ativos: pais, professores, amigos, escritores, tradutores, críticos, editores, livreiros, bibliotecários, promotores.

A singularidade de cada leitor, refletida na natureza particular de sua biblioteca pessoal (seu genoma intelectual), floresce na diversidade. E a conversação continua, entre os excessos da grafomania e os do comércio, entre a expansão do caos e a concentração do mercado.

A *abundância*
dos livros

Aqueles que aspiram ao *status* de indivíduos cultos visitam temerosos as livrarias, acabrunhados pela imensidão de tudo que não leram. Compram algo que lhes disseram ser bom, fazem uma tentativa malsucedida de lê-lo, e quando acumulam meia dúzia de livros não lidos sentem-se tão mal que têm receio de comprar mais.

Em contraste, os verdadeiramente cultos são capazes de possuir milhares de livros não lidos sem perder a compostura ou o desejo de ter mais.

"Cada biblioteca particular é um plano de leitura", escreveu o filósofo espanhol José Gaos. Essa observação é tão precisa que, para que seja também irônica, o leitor tem de reconhecer uma suposição geral nunca expressa: um livro não lido é um projeto incompleto. Exibir livros não lidos é como emitir cheques sem fundos – uma forma de iludir seus convidados.

Ernest Dichter, em seu *Handbook of consumer motivations*, explica como essa consciência pesada afeta os membros de clubes de livros pelo correio. Existem os que se inscrevem com a idéia de que estão ingressando numa fonte inesgotável de cultura. Quando, porém, os livros chegam e o tempo exigido para lê-los começa a crescer, cada nova entrega se transforma numa recriminação nada festiva, uma acusação de fracasso. Finalmente os membros desencorajados se retiram, ressentidos com o fato de os livros ainda serem enviados, mesmo tendo pago por eles.

GABRIEL ZAID

Isso explica a invenção dos livros que são feitos para não serem lidos. Livros, em outras palavras, que podem ser exibidos sem maiores conseqüências ou culpa: dicionários, enciclopédias, atlas, livros de arte, livros de culinária, livros de referência, bibliografias, antologias, obras completas. Livros que o presenteador de bom gosto prefere – por serem caros, o que é um sinal de estima, e porque não ameaçam o presenteado com a tarefa de responder a perguntas do tipo: "Você já leu? O que achou?". De fato, o *slogan* mais anticomercial do mundo poderia ser: "Dê um livro de presente! É como dar de presente uma obrigação".

Os autores não são tão atenciosos com seus leitores. Mesmo com a exceção dos casos extremos (aqueles escritores que telefonam para perguntar em que página você está, quando vai terminar de ler e, sobretudo, quando vai publicar uma resenha longa, objetiva e inteligente), sentem-se forçados a dar obrigações de presente cada vez que publicam. Subentende-se que a saída mais elegante em tais casos seja responder imediatamente com um cartão que diz: "Acabei de receber seu livro. Que surpresa agradável! Meus parabéns! Congratulo-me desde já pelo prazer que me trará sua leitura". (O escritor mexicano Alfonso Reyes usava cartões impressos, com espaços em branco para a data, o nome e o título.) Caso contrário, o débito se multiplica com o passar do tempo, até que chega o momento em que a responsabilidade pendente de ler o livro, escrever uma carta (que já não pode ser tão curta) e elaborar um elogio que não seja falso ou débil se transforma em pesadelo. É difícil dizer o que é pior: isso ou o cartão enviado imediatamente após receber o livro.

Ainda tem mais: o que fazer, fisicamente, com o livro? O autor pode aparecer um dia e descobri-lo em seu estado puro e intocado.

Livros demais!

Uma boa estratégia, que infelizmente também exige disciplina, é folhear as primeiras páginas assim que se recebe o livro e colocar um marcador de páginas como prova de suas boas intenções. Ou fazer o exemplar desaparecer, explicando (se necessário) que um amigo ficou tão empolgado ao vê-lo que o levou emprestado antes que você pudesse lê-lo. Nesse caso, é prudente tirar a página com a dedicatória: livros dedicados têm o infeliz hábito de terminar em sebos, e daí vêm as terríveis histórias sobre os livros de Rilke copiosamente dedicados a Valéry e descobertos mais tarde com os "buquinistas" do Sena. Ou como a história do autor mexicano que descobriu seu livro – intonso[1] – num sebo, comprou-o e o reenviou a seu amigo, "Com a renovada afeição de Artemio de Valle-Arizpe".

Uma solução terrível é manter os livros até se acumular uma biblioteca de milhares de volumes, o tempo todo dizendo a si mesmo que você sabe que não vai ter tempo de ler todos, mas será possível deixá-los de herança para seus filhos. Essa é uma desculpa que fica cada vez mais frágil na medida em que a ciência avança a passos cada vez mais largos. Quase todos os livros se tornam obsoletos no momento em que são escritos, se não antes. E as estratégias de *marketing* engendram a obsolescência programada até mesmo de autores clássicos (com novas edições críticas cada vez melhores), eliminando a transmissão desastrosa de gostos de uma geração para outra que há algum tempo sufocava o mercado.

A criação de uma biblioteca obsoleta para os filhos pode ser justificada da mesma forma como se justifica a preservação das ruínas: em nome da arqueologia. Existem desculpas melhores para colecio-

---

1. Livro não aparado. As páginas dos cadernos não são cortadas.

GABRIEL ZAID

nar livros do que a construção de uma biblioteca para a posteridade. Se você reunir uma coleção dedicada à história do estado mexicano de Tlaxcala, ou, melhor ainda, de edições do *Dom Quixote*, ninguém vai esperar que você tenha lido o *Dom Quixote* milhares de vezes, uma para cada edição – apesar de muitos visitantes inocentes se escandalizarem ao ver o mesmo título repetido tantas vezes. Não seria como se fazer fotografar milhares de vezes, de milhares de ângulos, com o único peixe grande que você pescou na vida?

De acordo com o Imperativo Categórico de Ler e Ser Culto, uma biblioteca é uma sala de troféus. *A montanha mágica* é como uma pata de elefante, que dá prestígio, serve como escabelo e provoca discussões sobre perigosas viagens à África. E o que dizer da história do leão que piscou para o caçador antes de cair a seus pés? Assim, o proprietário das memórias de Churchill, autografadas e não lidas, pode dizer: "Pobre Winston! Eu as conservo assim em respeito à sua memória. Que formidável leão britânico! Implorei ao taxidermista que tivesse o cuidado de preservar a piscadela...".

Os caçadores são famosos pelos exageros. Por isso é uma questão de ética profissional para o leitor que deseja ser culto nunca exibir peças que não tenham sido adequadamente abatidas – para não mencionar peças que, na verdade, foram lidas por um amigo, ou pelo guia no safári cultural. Como resultado, um livro só pode ser visto como um cadáver dissecado, e não como um animal cativo e vivo. Tigres no tanque de gasolina? Muito bem. Mas rugindo pela casa, relaxando no banheiro ou na cama, espreguiçando-se e bocejando nas janelas, pendurado nas prateleiras? Nunca! É preciso respeitar seus convidados.

O Imperativo Categórico deriva da velha crença no caráter sagrado dos livros. Em *Em busca de um mundo melhor* (Lisboa: Fragmen-

Livros demais!

tos, 1989) , Karl Popper conjetura que a cultura democrática ocidental nasceu com o estabelecimento do mercado de livros em Atenas, no século V a.C.: o livro como produto comercial liquidou o livro como objeto sagrado. Mas será que fez isso mesmo? O mercado é ambivalente. Ter em casa e à mão o que em uma época só podia ser visto no templo é muito bom para a demanda, porque os livros incorporam o prestígio do templo. A dessacralização democrática floresce como a simonia: permite a venda de algo que não tem preço. Não liquida com os livros sagrados; multiplica-os, apenas.

Sócrates criticou o fetichismo do livro (*Fedro*). Dois séculos mais tarde, em outra cultura centrada no livro (o mundo bíblico), estava escrito no Eclesiastes (12:12) que "[...] aumentar os livros é empenho sem fim e estudo demais fatiga o corpo".[2] No primeiro século da nossa era, Sêneca escreveu para Lucílio que "na multidão dos livros está a distração". Ibn Khaldun, no século XIV: "Muitos livros sobre o mesmo assunto tornam o estudo mais difícil" (*Al-Muqaddimah*, VI, 27). Montaigne: "Nosso dever é compor nosso caráter e não compor livros" (*Ensaios*, III, 13). Dom Quixote, ao saber que *Dom Quixote* tinha sido escrito: "Há pessoas que compõem e distribuem livros como quem dá bolinhos" (II, 3). Samuel Johnson: "Nenhum lugar permite uma percepção mais aguda da vaidade da esperança humana que a biblioteca pública; pois o que se vê são paredes cobertas por todos os lados com grossos volumes, frutos de meditações laboriosas e pesquisas acuradas, e que agora mal são conhecidos, salvo pelo catálogo [...]" (*Rambler*, nº 106, 23 de março de 1751).

Certa vez propus uma luva de castidade para os autores incapazes de se conter. Mas um banho de água fria também funciona: como

---

2. TEB, São Paulo: Loyola, 1997.

GABRIEL ZAID

Johnson, os escritores podem tentar a submersão numa grande biblioteca, no meio da multidão de autores esquecidos, para se desencorajar. O progresso ordenou as coisas de tal forma que todos os cidadãos, e não apenas os profetas, podem se dar ao luxo de pregar no deserto.

O que poderia dar fim à proliferação de livros? Por algum tempo parecia que a televisão poderia. Marshall McLuhan escreveu (escreveu!) ensaios proféticos sobre o final da era do livro. Mas a explosão das publicações deixou o próprio McLuhan pregando no deserto.

Até 1947, havia apenas sete canais comerciais de televisão nos Estados Unidos, que se transformaram em cinqüenta em 1949 (quando apareceram as maiores redes), e 517 em 1960. De 1947 a 1960, a porcentagem de lares com aparelhos de televisão saltou de quase zero para 88%. O palco estava, portanto, montado para o falecimento do livro. No entanto, o número de títulos publicados a cada ano, no mesmo período, mais que dobrou: de sete mil para quinze mil. E ainda o mais surpreendente é que, de 1960 a 1968, o número de títulos dobrou de novo, e num período mais curto, enquanto o número de lares com televisão obviamente só poderia crescer até o ponto de saturação: 98% (*Statistical abstract of the United States*).

Em meados do século XV, apareceu na Europa a imprensa com tipos móveis. Ela não substituiu imediatamente os copistas, ou a impressão com blocos de madeira, mas tornou disponível um número bem maior de títulos. Entre 1450 e 1500, algo entre dez mil e quinze mil títulos foram publicados (os chamados incunábulos), com trinta a 35 mil edições e média de tiragem de quinhentos exemplares, segundo Lucien Febvre e Henri-Jean Martin (*O aparecimento do livro*[3])

---

3. São Paulo: Unesp/Hucitec, 1992 (tradução: Fulvia M. L. Moretto e Guacira Marcondes Machado).

| *Livros demais!* |

– cerca de 250 títulos por ano, começando com cem em 1450. Em 1952, foram publicados 250 mil títulos (Robert Escarpit, *The book revolution*). Isso implica uma taxa de crescimento cinco vezes maior que a da população.

Supôs-se que a televisão colocaria um fim em ambas as explosões, mas esse fim nunca chegou, tal como se pode ver pelas estatísticas do ano 2000, retiradas do *Unesco statistical yearbook 1999*. Desde a invenção da televisão, a população mundial cresceu a uma taxa de 1,8% ao ano (comparada com 0,3% anuais nos quinhentos anos precedentes) e a publicação de livros cresceu 2,8% (contra 1,6% no período anterior).

Data	1450 (Gutenberg)	1950 (Televisão)	2000
Títulos por ano	100	250.000	1.000.000
População (em milhões)	500	2.500	6.000
Títulos por milhão de habitantes	0,2	100	167

Com base nesses números aproximados, algumas interpolações também aproximadas podem ser feitas. Quinhentos títulos foram publicados em 1550, 2.300 em 1650, onze mil em 1750, e cinqüenta mil em 1850. Em 1550 a bibliografia acumulada era em torno de 35 mil títulos; em 1650 era de 150 mil; em 1750 alcançou setecentos mil; em 1850 foi de 3,3 milhões; em 1950 era de dezesseis milhões, e no ano 2000 atingiu 52 milhões. No primeiro século da imprensa (1450-1550), foram publicados 35 mil títulos; no último meio século (1950-2000), houve mil vezes mais, chegando a 36 milhões.

A raça humana publica um livro a cada trinta segundos. Supondo-se um preço médio de trinta dólares e uma espessura de dois centímetros, seriam necessários trinta milhões de dólares e cerca de 24 quilômetros de prateleiras para a ampliação anual da biblioteca de Mallarmé, se hoje o poeta quisesse dizer:

A carne é triste, que pena! E eu li todos os livros.

Os livros são publicados com tanta rapidez que nos fazem exponencialmente mais ignorantes. Se uma pessoa ler um livro por dia, estará negligenciando a leitura de quatro mil outros, publicados no mesmo dia. Em outras palavras, os livros não lidos se empilhariam quatro mil vezes mais depressa do que aqueles que leu, e sua ignorância cresceria quatro mil vezes mais rápido que seu conhecimento.

"Há tanto para aprender e tão pouco tempo para viver", escreveu Baltasar Gracián. Uma vez mais, entretanto, o aforismo funciona poeticamente, transcendendo sua verdade quantitativa, seu tom melancólico apagando os sentimentos de culpa suscitados por nossa finitude diante das tarefas infinitas exigidas pelo Imperativo Categórico. Sim, há algo de profundamente triste na visita a uma biblioteca ou a uma livraria cheia de livros que jamais serão lidos. Algo que lembra os seguintes versos de Borges:

Há um espelho que me viu pela última vez.
Há uma porta que fechei até o fim do mundo.
Entre os livros de minha biblioteca (eu os vejo agora)
Há alguns que não mais abrirei.

Livros demais!

Por que ler? E por que escrever? Depois de ler cem, mil, dez mil livros durante a vida, o que lemos? Nada. Dizer "só sei que não li nada", após ler milhares de livros, não é falsa modéstia. É estritamente preciso, até o primeiro decimal de zero por cento. Mas talvez não seja exatamente isso, falando em termos socráticos, que nossa abundância de livros deva nos ensinar? Ser consciente de nossa ignorância, aceitá-la por completo; deixar de ser simplesmente ignorante para ser conscientemente ignorante?

Talvez a consciência de nossa finitude seja nosso único acesso à totalidade que nos chama e derrota, que cria em nós uma descomunal ambição totalizante. Talvez toda experiência de infinidade seja uma ilusão, se não for precisamente uma experiência de finitude. E talvez a medida de nossa leitura deva ser, portanto, não o número de livros que lemos, mas o estado em que estes nos deixaram.

O que importa quão cultos e atualizados sejamos, ou quantos milhares de livros tenhamos lido? O que importa é como nos sentimos, como vemos, o que fazemos depois da leitura; se a rua, as nuvens e a existência de outros significam algo para nós; se ler nos torna, fisicamente, mais vivos.

Queixas
sobre Babel

Quase todos os livros vendem milhares de exemplares, não dezenas ou centenas de milhares, e muito menos milhões. E se diz – impensadamente – que isso é ruim.

Um filme exige centenas de milhares de espectadores para justificar o investimento. Qual o destino de filmes que jamais poderiam atrair um público tão grande? Não são feitos. Como resultado, o número de filmes produzidos no mundo inteiro não chega a 1% do número de livros publicados. Se os livros custassem tanto quanto os filmes para ser produzidos e distribuídos (e alguns custam, como as enciclopédias), seria exigida uma audiência de centenas de milhares – uma audiência no padrão de Hollywood. E o que aconteceria com os 99% de livros que jamais poderiam vender centenas de milhares de exemplares? Ninguém os publicaria.

Os livros são tão baratos que, ao contrário de jornais, rádio ou televisão, podem ser publicados sem anúncios para alguns poucos milhares de leitores interessados. Para financiar quase qualquer livro, basta encontrar três mil leitores dispostos a pagar o equivalente a seis horas de salário mínimo.* Certamente, se trinta mil leitores pudessem ser alcançados, seria possível diminuir o preço – pela metade, digamos. Mas não é fácil alcançar trinta mil leitores. Não porque o

---

* Nos Estados Unidos, é claro. No Brasil a conta é diferente, e não sem conseqüências (N. do T.).

preço mais baixo ainda seja alto, mas por uma razão que preferimos ignorar: a maioria dos títulos publicados não interessa a trinta mil pessoas – e nem seria possível dar de presente tantos exemplares.

As pessoas envolvidas com o livro (autores e leitores, editores e livreiros, bibliotecários e professores) têm a mania de sentir pena de si mesmas, e uma tendência para se queixar mesmo quando tudo vai bem. Por isso eles veêm como uma falha o que na verdade é uma bênção. O negócio do livro, ao contrário do de jornais, cinema ou televisão, é viável em pequena escala. No caso dos livros, o patamar econômico, ou o investimento mínimo exigido para ter acesso ao mercado, é muito baixo, o que encoraja a proliferação de títulos e editoras, o florescimento de iniciativas várias e díspares e uma abundância de riqueza cultural. Se o patamar de viabilidade fosse tão alto como o dos meios de comunicação de massa, haveria menos diversidade, tal como acontece nesses meios. Suponhamos que apenas um de cada cem títulos fosse publicado, mas para um público leitor do tamanho das audiências de filmes. Que vantagens esse cenário ofereceria? Nenhuma, porque esses títulos já são publicados hoje: são os nossos *bestsellers*. Por outro lado, os outros 99 livros que não são de interesse do grande público seriam perdidos. O negócio cinematográfico exige a eliminação de até 99% de todos os filmes possíveis. O negócio do livro não. Se o livro for adequado para um público mais amplo, pode alcançar esse grande público. Se não for, pode ainda ser viável, pelo menos enquanto interessar a alguns milhares de leitores.

Quais as razões para que se exija que todos os livros vendam milhões de exemplares? Vaidade (dos autores, dos editores) ou orgulho nacional? Se um livro, comparado com um filme, é comercialmente viável mesmo que não interesse mais que a algumas pessoas, por que não

Livros demais!

publicá-lo? É natural que uma sociedade mais populosa, rica e bem-educada alimente a demanda para certos títulos, mas daí não se conclui que tal sociedade deveria, portanto, parar de publicar livros que vendem menos exemplares. Ao contrário, quando a população de um país cresce e este se torna mais rico e mais bem-educado, são publicados, paradoxalmente, mais títulos com vendas menores: aumenta a variedade de especialidades e de interesses, e fica mais fácil atrair alguns milhares de leitores interessados em algo muito específico. Cresce o número de títulos viáveis para publicação em edições de poucos milhares de exemplares.

Essa situação permite-nos compreender um fato pouco conhecido, um desses fatos que raramente são declarados, já que desafiam o senso comum: a maioria dos títulos publicados nos países ricos não vende mais que alguns milhares de exemplares, tal como ocorre no resto do mundo. Como isso é possível? Não se fala tanto de suas tiragens enormes? Isso é o que se fala, e essas tiragens existem, mas lado a lado com tiragens pequenas, que são a maioria e nunca são discutidas. A verdadeira superioridade editorial dos países ricos reside em sua habilidade de alcançar mais facilmente os poucos milhares de compradores dispostos a pagar trinta dólares (ou muito mais) por um livro de apelo bem limitado. Repousa no fato de esses países publicarem dez vezes mais títulos *per capita* do que os países mais pobres, porque são capazes de se dar ao luxo de editar uma variedade infinita de títulos em pequenas tiragens.

Em muitas áreas, o progresso destrói a diversidade. Não é o caso dos livros. Depois de Gutenberg, o jornalismo de massas, o cinema, a televisão, a computação, a comunicação por satélite e a Internet apareceram. Com cada nova invenção, profetizou-se o fim do livro, e cada vez mais livros foram publicados, com maior facilidade e sobre os mais variados assuntos. Agora, os sistemas de impressão sob demanda tornam viáveis tiragens de cinqüenta ou cem exemplares. E o que isso significa? Significa que se tornou possível publicar livros que interessam a apenas cinqüenta ou cem pessoas. É claro que sempre haverá um autor que, em vez de apreciar os benefícios desse sistema, dirá: "Como é possível que só cinqüenta (ou cem) exemplares do meu *Hermenêutica desconstrutiva* tenham sido vendidos? É uma conspiração contra mim. Editores e livreiros só se importam com o dinheiro – só promovem os livros fáceis de vender. Como a humanidade, embrutecida pela televisão e pelo consumismo, vai desconstruir-se hermeneuticamente? Nada irá mudar até que Tudo mude...".

Mas vamos imaginar que, finalmente, Tudo mude; que a Idade de Ouro chegue a nós; que um sistema universal de bibliotecas seja estabelecido (uma grande Biblioteca de Babel) e contenha todos os livros já publicados: mais de cinqüenta milhões de títulos; que cada ser humano receba um salário para se dedicar integralmente à leitura de livros; que cada leitor seja capaz de ler quatro livros por semana, duzentos por ano, dez mil em meio século. Seria como nada. Se nem um único livro fosse publicado a partir desse momento, ainda assim levaríamos 250 mil anos para que nos familiarizássemos com os livros já escritos. A mera leitura da lista completa (autor e título) consumiria uns quinze anos. Quando dizemos que os livros devem ser lidos por todos, não estamos pensando. Nossas simples limitações físicas tornam impossível ler 99,9% de todos os livros que são escritos.

A humanidade escreve mais do que pode ler. Se, para cada livro publicado, um ou dois permanecem não publicados, então dois ou três milhões de livros são escritos a cada ano. A Xlibris, "uma parceira estratégica da Random House" especializada em livros pagos pelos autores, estima que para cada livro publicado nos Estados Uni-

Livros demais!

dos existem nove manuscritos não publicados (*Harper's Magazine*, dezembro de 2000). No entanto, um leitor em tempo integral não consegue ler mais que duzentos títulos por ano, o que representa um entre cada dez ou quinze mil livros escritos.

Seria desejável que apenas alguns livros fossem publicados a cada ano, livros que todos no mundo pudessem ler? Cada um de nós sonha em ter a atenção total do mundo inteiro, com todos os demais em silêncio para escutar o que dizemos, desistindo de escrever para ler o que tenhamos escrito. Existe a crença de que pelo menos algumas coisas deveriam ser lidas por todo mundo. Se houvesse uma assembléia universal permanente, na qual o microfone fosse passando de mão em mão para que cada um pudesse falar à multidão, mal teríamos tempo de dizer olá e nos sentarmos. O diálogo universal estaria reduzido ao reconhecimento de si mesmo, essa espécie de poema babilônico da Criação que é dizermos "Bom-dia" uns aos outros. Talvez a vida seja isso: levantamos, dizemos olá e desaparecemos. Mas é difícil aceitar a idéia. Em nosso olá está o anseio pela eternidade, que nos faz agarrar ferozmente o microfone e nos leva à comunicação totalitária. Todos têm de escutar o que tenho a dizer. A interminável saudação é a expressão de um interminável *Eu*, centro do universo. Ressoa nos discursos do Führer, no *Livro vermelho* de Mao e no Salmo 49:

> Povos, ouvi isto vós todos; habitantes do universo, prestai ouvidos todos vós:
> Gente do povo, gente ilustre, ricos e pobres, todos juntos.
> Minha boca profere palavras de sabedoria;
> Meu coração murmura propósitos de bom senso.[3]

---

3. TEB, *op. cit.*

É uma nobre tentação esse desejo de agarrar o microfone, não permitir ao povo que se vá (para seu próprio bem), sujeitá-lo às nossas sábias palavras e boas intenções. No entanto, mesmo em reuniões de especialistas, a conversa deve ser fracionada quando a multidão atinge determinado tamanho, para que os participantes não caiam em generalidades e sejam capazes de tratar de mais assuntos, de dizer mais, em grupos menores. A capacidade infinita de comunicação não existe. Mesmo supondo que cada especialista tenha a mesma experiência e o mesmo interesse em cada assunto, não haveria tempo para tratar de todos os assuntos em uma assembléia geral. Nossas simples limitações físicas decretam que, quando cresce o número de participantes, o tempo médio para o diálogo diminui. A participação do mundo inteiro em uma conversação não enriquece o diálogo; o reduz.

Imagine uma ágora, um mercado, um coquetel, onde acontecem múltiplas conversas. O microfone aparece. Os muitos círculos se transformam em um único círculo, diferentes conversas viram apenas uma. Isso é bom? É um mito: o mito da transparência, da Torre de Babel substituída por um *Eu* totalitário. Nós nos queixamos da confusão das línguas, da multiplicidade das conversações, porque sonhamos com a atenção indivisa do mundo, além do alcance de nossa finitude. Mas a cultura é uma conversação sem um centro. A verdadeira cultura universal não é a Aldeia Global utópica, reunida ao redor de um microfone; é a multidão babélica de aldeias, sendo todas centros do mundo. A universalidade acessível a nós é a finita, limitada, concreta, de conversações diversas e dispersas.

Livros
e conversação

Graças aos livros, sabemos que Sócrates não confiava neles. Ele os comparava com a conversação e acreditava que os livros eram inferiores. Disse a Fedro que a escrita é uma simulação da linguagem, que pode parecer útil à memória, ao conhecimento e à imaginação, mas é, em última instância, contraproducente. As pessoas confiam na escrita e deixam de desenvolver a memória, o conhecimento e a imaginação. Pior: começam a acreditar que sabem das coisas porque possuem livros.

A conversação depende de quem a pratica: quem são, o que sabem, o que os interessa, o que acabaram de dizer. Em contraste, os livros são monólogos insensíveis: ignoram as circunstâncias em que são lidos. Repetem sempre a mesma coisa, sem levar em conta o leitor. Não consideram suas perguntas e respostas.

As idéias de um autor sofrem o mesmo destino, sendo expostas à incompreensão e separadas de seu criador, que não está presente para explicá-las ou defendê-las.

Os livros representam a colheita, não o processo criativo. Por outro lado, idéias semeadas numa conversação germinam e produzem novas idéias. Em suma, a inteligência, a experiência e a vida criativa se desenvolvem e são propagadas pela palavra viva, e não pelas letras mortas.

Esse argumento encarna uma crítica ao progresso que remonta aos tempos pré-históricos. É a resistência ao fogo em casa e às plantas domesticadas no jardim; a batalha do natural contra o artificial, do cru contra o cozido, do vivo contra o morto. Paradoxalmente, esses argumentos chegam a nós pelo meio que rejeitavam. Sócrates, fiel às suas convicções, não os registrou. Talvez Fedro os tenha memorizado – socraticamente – e repetido em outras conversações, com Platão escutando atentamente. Talvez o próprio Platão, compreendendo a incongruência de copiar o que tinha ouvido, teve um momento de dúvida. Por sorte nossa, ele optou por escrever: era socrático e anti-socrático ao mesmo tempo. Deu vida, nos livros, aos diálogos que ainda hoje questionam nossa vida livresca.

As mesmas questões são levantadas, milhares de anos depois, sobre a palavra impressa, o cinema, a música, a televisão, os computadores. Por exemplo, os músicos nos recriminam por escutarmos música de fundo enquanto nos envolvemos com outras tarefas. A atitude realmente musical, a atitude socrática, seria nos encontrarmos com amigos para tocar, para improvisar um diálogo "jazzístico" de acordo com os intérpretes, o ambiente, a inspiração...

Mas quem pode se queixar, duzentos anos depois da morte de Mozart, de que lhe ofereçam uma coleção de CDs com todas as suas composições? Quem pode reclamar de possuir as obras completas de Platão? Hoje é fácil adquirir esses tesouros a preços que parecem altos mas, na verdade, são insignificantes. Simplesmente compare-os com o custo de comprar uma catedral ou uma única pintura de Van Gogh. Ou com o custo de sentar-se e ler cuidadosamente todos os diálogos de Platão, ou escutar toda a música de Mozart.

Hoje é mais fácil adquirir tesouros do que dedicar-lhes o tempo que merecem. E, assim, os argumentos de Sócrates pesam sobre nós, esperando por nossa atenção na estante, e os temas de Mozart

Livros demais!

vêm e vão discretamente, como o ruído do vento nas árvores, que esmaece e se perde, ou de repente se impõe e nos emociona.

A produtividade moderna reduz o custo da reprodução mecânica e aumenta o custo da reprodução socrática. As conversações inteligentes, como as que envolveram Sócrates e Fedro, que se encontram na rua, começam discutindo uma arguta passagem de Lícias sobre o amor e depois saem por Atenas para debater seu significado, só são possíveis em um mundo subdesenvolvido, no qual a produtividade é baixa e há muito tempo disponível. No mundo moderno, com todos andando de carro e reservando apenas o tempo suficiente para chegar a seu destino, Sócrates e Fedro jamais se encontrariam. E, na improvável eventualidade de que o fizessem, seria difícil que encontrassem um lugar para parar, sem mencionar o tempo. Dificilmente se esperaria que cancelassem seus planos, como dois ociosos, só para conversar.

Confrontados com a escolha entre ter tempo e ter coisas, escolhemos ter coisas. Hoje é um luxo ler o que Sócrates disse, não porque os livros sejam caros, mas por nosso tempo ser escasso. Hoje a conversação inteligente e o lazer contemplativo custam infinitamente mais que o acúmulo de tesouros culturais. Agora, temos mais livros do que podemos ler. O conhecimento acumulado em nossa cultura impressa ultrapassa infinitamente a erudição de Sócrates. Numa pesquisa atual sobre hábitos de leitura, Sócrates teria notas baixas. Sua escolaridade precária e a falta de títulos acadêmicos, domínio de idiomas estrangeiros, currículo e obras publicadas impediriam-no de competir por postos importantes na burocracia cultural, o que confirmaria sua crítica à palavra escrita: a simulação e as credenciais de aprendizagem passaram a ter mais peso que a própria aprendizagem.

Mas a palavra escrita, esse invólucro seco da palavra falada, não tem de suplantá-la. Pode fortificá-la, ou fertilizá-la. Como matéria morta, pode tanto sufocar a vida como nutri-la, matá-la ou revigorá-la. O importante é não perder de vista o que deve estar a serviço do quê. Mantendo isso em mente, podemos aceitar a crítica de Sócrates e sair em defesa do livro.

Você está certo – se os livros não nos encorajam a viver plenamente, estão mortos. Você está certo – quando o milagre da vida inspirada se apresenta, seria ridículo preferir os livros. Mas não temos mais o tempo livre das tardes de Atenas. E o simulacro de vida inspirada que existe nos grandes livros parece ser mais que um simulacro: parece a própria vida, uma inspiração latente pronta para ser colhida. O texto morto dos *Diálogos* de Platão preserva o germe de sua liberdade contagiosa.

Em mundos subdesenvolvidos, velhos e novos, nunca faltaram fundadores: pessoas capazes de usar suas habilidades oratórias para fazer surgir oásis no deserto cultural. As lições de Sócrates – na forma de discussões públicas, na pregação de missionários, no ensino de professores rurais, nos salões dos grandes conversadores – podem se irradiar pela comunidade, elevando a qualidade da vida local e liberando suas possibilidades criativas. Mas milhares de anos após a invenção da escrita e séculos depois de a imprensa ter sido introduzida, esse encorajamento não precisa ser puramente oral.

A inércia da palavra impressa não é uma falha da imprensa, mas uma falha da vida. Existem muitas letras mortas nas conversações, na universidade, nos sermões, nos discursos, nas palavras e nos atos da vida cotidiana. Consideremos, por exemplo, o cenário medieval que persiste até os nossos dias: na sala de aula, o professor lê suas

Livros demais!

anotações e os estudantes tomam notas. Qual o papel do professor nessa situação? Não é o papel socrático de parteiro espiritual que traz ao mundo, progressivamente, a inteligência do seu interlocutor, mas o da reprodução fonográfica de uma agulha que recorre a palavra já escrita. Hoje, quando o excesso de população e de academicismo e o custo exagerado da atenção pessoal tornam impossível ter um Sócrates em cada sala de aula, não seria essa sala de aula apenas uma máquina obsoleta em comparação com outras formas de ensino e inspiração, como a biblioteca?

Cultura é conversação. Escrever, ler, editar, imprimir, distribuir, catalogar, resenhar podem ser o combustível para essa conversação, modos de mantê-la viva. Pode-se mesmo dizer que publicar um livro é inserir-se no meio da conversa, que montar uma editora, uma livraria ou uma biblioteca é iniciar uma conversação – uma conversação que nasce, como deve ser, do debate local, mas se abre, como deve, a todos os lugares e tempos.

A cultura, no sentido antropológico de "forma de vida", se manifesta e reproduz ao vivo, mas é também uma coleção de obras, ferramentas, códigos e repertórios que podem ou não estar no texto inerte. O mesmo pode ser dito da cultura no sentido limitado de "atividades culturais". Em ambos os sentidos, o que é importante acerca da cultura é quão viva está, e não quantas toneladas de prosa morta pode apresentar. As demandas socráticas de cultura convivial (como diria Ivan Illich) podem ser satisfeitas, ou não, na ágora ou em livros, nas salas de aula ou nas bibliotecas, em cafés ou livrarias, com tecnologia recente ou medieval e em comunidades pobres ou ricas. A superioridade de algumas culturas ou meios culturais sobre outros, quando existe, reside na vivacidade ou no nível de vitalidade que produzem, que

GABRIEL ZAID

só pode ser sentido, e não medido por estatísticas. Credenciais ou estatísticas estão fora de questão.

O tédio é a negação da cultura. Cultura é conversação, vivacidade, inspiração. Ao lutarmos pelos livros que nos interessam, não podemos nos restringir ao aumento de vendas, às tiragens, às novidades, aos eventos culturais, aos empregos, aos custos, e a todas as outras quantidades mensuráveis. O importante é a vitalidade criativa, a qual podemos sentir e não medir; esta nos deixa saber quando estamos na direção certa, apesar de não haver regras fixas para encorajá-la.

Alguns exemplos:

- Uma criança de dois anos de idade está na mesa de jantar com os pais; eles conversam com convidados em um idioma que ela nunca ouviu. De repente, ela começa a tagarelar, como se estivesse falando aquele idioma. Ela quer participar da conversa e está confiante de que pode. De certa forma, essa criança está repetindo a aventura de aprender a falar. E, se ela vivesse no país dos convidados, sem dúvida dominaria sua língua, da mesma maneira como as pessoas aprendem a nadar: mergulhando nela. Observando essa necessidade de comunicação, Paul Goodman passou a acreditar que a criança poderia aprender a ler espontaneamente; que o problema estava na escola, que as fazia perder a vontade. Com a ironia socrática de um professor do ensino fundamental, ele disse que se as crianças fossem para a escola desde o dia do nascimento para que lhes ensinassem a falar, uma boa porcentagem da população seria incapaz de fazê-lo, ou gaguejaria.

Livros demais!

- Alguém chega atrasado em uma conversa e acha que não pode acompanhá-la, que precisa estar mais informado: como se o conhecimento fosse outra coisa que não a própria conversa, como se antes fosse necessário adquirir algo em outro lugar. Os amigos recomendam-lhe que faça determinados cursos, o que o aborrece; que leia os clássicos, o que também o chateia. A atitude realmente esclarecida seria recomendar-lhe que tivesse mais confiança em seu apetite pela conversa; dizer-lhe que se estiver interessado em algo que não compreende deve prestar mais atenção, fazer perguntas, refletir, consultar dicionários, manuais, clássicos, mas tudo a serviço de seu desejo de participar da conversa corrente. Não há sentido em recomendar que leia o dicionário do começo ao fim, sistematicamente, de A a Z. O dicionário, como todos os planos de estudo, se justifica pelo seu uso como ajuda na conversação, e não por seus próprios méritos. Naturalmente, se ao buscar uma palavra ele descobre outras que o interessam, ou se ao consultar um clássico descobre que seu interesse vai além da questão em pauta, ele deve se deixar levar pela curiosidade, pela surpresa, pelo espanto, pelo desfrute. O desejo de acompanhar uma conversa que não se compreende é um sinal saudável, e nao uma indicação de falta de preparo. A disciplina é boa a serviço do desejo, não no lugar do desejo. Sem desejo, não existe cultura viva.
- Um jovem escritor sonha em escrever romances, mas acha que ainda não está pronto. É aconselhado a ler os grandes romancistas, mas no original. Enamora-se de Dostoiévski, e

vinte anos mais tarde, em vez de romancista, ele se torna tradutor de russo. Ou então é aconselhado a fazer um doutorado em literatura com especialização em teoria da narrativa, e vinte anos depois não é romancista, e sim professor de semiótica. O que realmente deveriam dizer-lhe é: que romances você leu sem conseguir parar? Continue lendo livros como esses e dê uma olhada nestes outros, que talvez lhe interessem. O que mais o incitou a escrever? Continue escrevendo o mesmo tipo de coisas, e uma vez que esteja escrevendo – não antes – estude a arte de escrever outras coisas, lendo este ou aquele livro. Não se enterre na história ou na teoria do romance sem antes ter sentido o encanto da ficção ou a excitação criadora do romance.

- Os netos de um escritor esquecido obtêm recursos para publicar uma edição monumental de suas obras completas. O respeito pelos mais velhos pode servir à cultura, especialmente quando assegura o cuidado de arquivos, objetos, edições e todas as outras coisas que podem ser danificadas ou perdidas. É ainda mais útil quando facilita a pesquisa, com classificações, anotações, edições críticas e índices apropriados, ou pelo menos bem cuidados. Mas os monumentos são construídos para cerimônias, não para conversações. Para incorporar um escritor esquecido na conversação, é necessário estar familiarizado com o que se conversa, para definir onde entrar e o que apresentar, ou que assuntos, a que momento e em que lugar se pode dar voz a um escritor esquecido; escolher o texto certo para fazer as pessoas falarem. Depois de publicar alguns poemas, contos, ensaios, em revistas ou jornais, a edito-

Livros demais!

ra (a que conduz o tipo certo de conversação) deve então escolher um de seus livros para publicação. E assim sucessivamente, como se fosse um escritor vivo, deixando passar um ou dois anos entre os livros. É dessa forma que escritores de outras eras, ou escritores contemporâneos de outros países, passam a fazer parte das conversações locais, ganhando acesso a elas ao entrarem no seu ritmo e considerando suas limitações. Nem todas as conversas são particularmente abertas ou inteligentes.

- Muitos autores enviam seus escritos para uma editora sem antes informar-se sobre sua linha editorial e seu catálogo. Isso é como falar sem escutar. Um amigo, familiarizado com a "conversação" corrente, poderia dizer ao escritor: "É inútil que você mande isto para tal ou qual editor. Você não lê o que ele edita? Seu trabalho não é adequado para nenhuma de suas coleções (ou para nenhuma seção de sua revista). Ele acabou de rejeitar tal tradução magnífica. Por quê? Porque não publica traduções. Você não percebeu? Eu também não, mas ao examinar seu catálogo compreendi o ocorrido. Você pode, é claro, tentar o Instituto XYZ. A política editorial deles é tão amorfa que tudo cabe ali; mas, pela mesma razão, você vai ficar enterrado num depósito de livros, e não inserto numa conversação corrente. Você tem de descobrir editores que se empenhem em conversações vivazes, que tenham acesso a leitores aos quais você realmente tenha o que dizer. Ou então, de alguma maneira, você mesmo deve começar essa conversação, até que o público que você conquistou atraia um editor".

GABRIEL ZAID

- Juan José Arreola, um homem que fez muito pela renovação da prosa espanhola e um grande educador na tradição socrática de ensinar por meio da conversa, também soube como usar a publicação para revigorar a literatura mexicana. Sua legendária série Los Presentes, em pequenas edições, levou à formação de um animado círculo de jovens escritores e deu origem a numerosas outras iniciativas. E fez isso quase sem apoio material. Hoje, quando várias instituições possuem recursos centenas de vezes maiores, é impressionante como são poucas as publicações e atividades culturais que realmente fazem alguma diferença. Qual a razão disso? Talvez porque muitos editores não percebam que a verdadeira arte de editar implica colocar o texto no meio da conversação, saber pôr lenha na fogueira.

O mesmo Arreola cunhou uma máxima editorial: todos os bons editores têm um departamento de exceções. Mas, atenção, exceções não têm significado quando o catálogo do editor é amorfo. Só são possíveis quando a conversação tem um princípio organizador. Só em uma mesa bem organizada pode-se perceber que um dos convivas está fora do lugar, que deveria estar numa mesa diferente. A regra de não publicar traduções é absurda como princípio geral, mas dá forma à conversa em determinada mesa. Sem essa coerência não podem existir bons editores, distribuidores, livreiros, bibliotecários ou administradores de clubes de leitura ou clubes do livro.

A cultura nos faz pensar em termos abstratos, com resultados caóticos para muitos empreendimentos. Se compreendemos a cultura como uma conversação, podemos fazer julgamentos específicos, de-

Livros demais!

terminando quem tem algo de interesse para dizer a alguém, e como, quando e onde reuni-los. Isso nos ajuda a aceitar que, de todas as pessoas no mundo inteiro, as que lerão um livro novo são tão poucas que, teoricamente, poderíamos fazer uma lista com todos os nomes. A lista seria diferente para cada livro, é claro. Em casos muito raros, poderíamos ter milhões de nomes, administráveis apenas pelos computadores dos maiores clubes do livro ou das grandes companhias de venda direta. Porém, o mais comum – em qualquer idioma – é que a lista tenha alguns milhares de nomes, nem mesmo dezenas de milhares. E apenas algumas centenas de exemplares, lidas pelas pessoas certas, são suficientes para mudar o curso da conversação, as fronteiras da literatura e nossa vida intelectual. Qual o sentido, então, de lançar livros ao infinito para que se percam no caos? Com poucas exceções, o mundo do livro não tem conexão com mercados maciços e indiferenciados; ao contrário, repousa em clientelas segmentadas, nichos especializados e membros de diferentes clubes de entusiastas. Mas nem todos os editores, livreiros e bibliotecários percebem a importância de dar forma a esses clubes, de fazer listas de leitores potenciais, de dar boas-vindas e facilitar o contato direto, de levar em consideração os gostos e as opiniões dos participantes, de organizar conversações coerentes e animadas. O sucesso que muitas editoras pequenas e médias tiveram seguindo essas idéias confirma a noção de que organizar o mundo dos livros é como organizar uma conversa.

Prezado Sócrates: Fedro estava certo quando observou seu talento especial para inventar contos egípcios sobre a origem da escrita. Mas sua crítica nos ajuda a identificar o verdadeiro papel dos livros, que é o de continuar nossa conversação por outros meios.

Cultura
e comércio

Nós gostaríamos de acreditar que cultura e comércio não têm nada que ver um com o outro: que a cultura circula e é adquirida por meios não comerciais próximos do culto e do oculto; que é como uma poção iniciatória dada aos escolhidos; que é algo adquirido gradualmente, sob o controle e com a garantia do *Establishment*. Com nossa nova abertura para as culturas indígenas, o quadro se complica, mas não muda. Apesar de ser dito, aparentemente com grande ousadia, que essas culturas são tão válidas quanto a nossa, a separação se mantém pelo fato de elas serem "outras"; quando deixam de ser "outras", são "comercializadas". Cultura é a alteridade entre as pessoas "cultivadas" e os grupos indígenas ainda às margens das metrópoles culturais. As zonas intermediárias – canções de rádio, novelas e mesmo as apresentações folclóricas tradicionais – são produções comerciais, não cultura.

Em meio a tudo isso, algumas pessoas acreditam que negociar é sujo ou, pelo menos, não muito nobre. Para elas é repugnante, por exemplo, que o comércio seja associado com o divino. Mas onde fica Hermes, inventor da lira, deus do comércio, das estradas e da comunicação, uma grande figura nos anais da alquimia? A palavra *comércio* teve, e ainda tem, significados não econômicos. Para um deles – "Intercurso ou conversa com Deus, com espíritos, paixões, pensamentos etc." – o *Oxford English dictionary* cita Wordsworth: "Mergulhamos cada qual no comércio com seus pensamentos privados".* É claro que isso significa silêncio e meditação, não a comercialização de idéias. Em 1850, pensamentos, idéias e conhecimento não eram considerados produtos. Mesmo em 1962, quando Fritz Machlup publicou *The production and distribution of knowledge in the United States*, teve de justificar o estranho projeto de medir o conhecimento no Produto Nacional Bruto. Ao tentar incluir o valor de livros, meios de comunicação, educação, pesquisa, máquinas e serviços de informação (de 23 a 32% do PNB em 1958, dependendo do método de medição) como parte do PNB total, teve de dar um valor em dólares para o que anteriormente era considerado além da "precificação". Por milhares de anos, admitiu-se que o conhecimento vinha dos céus e era distribuído por iniciação, num "comércio" fora do mercado. A transmissão do conhecimento "da boca para o ouvido" era normal nas corporações medievais, sociedades de maçonaria, sindicatos fechados, círculos esotéricos e até mesmo nas boas maneiras.

Dizer que algo foi aprendido no berço significa que foi transferido pelo comércio natural, que não foi adquirido por dinheiro ou em lições, muito menos com leitura independente. Segundo essa tradição, o conhecimento que é vendido ou propagandeado é degradado, comercializado.

Note-se também a ambivalência ou duplicidade com a qual o sucesso (exotérico, externo, comercial) é desejado e temido nos cír-

---

* O *Dicionário da língua portuguesa contemporânea*, da Academia de Ciências de Lisboa, registra: "5. Relacionamento social, convivência. 'Frei Antão recusou terminantemente dar explicações aos outros sobre sua entrevista secreta [...] na vigília que fizera, recebera uma visitação, e do comércio com essa visitação concluíra que o inimigo [...] se recusava a receber nos seus domínios aquela criatura incómoda' (J. de Sena, *Físico prodigioso*, p. 109)" (N. do T.).

Livros demais!

culos culturais, e a importância de ganhar o respeito de um pequeno grupo em detrimento do grande público. Ignorar esse público é, em última instância, a verdadeira negação da cultura: fracassar na comunicação, mas também salvar-se da perdição do comércio e do sucesso, uma garantia de pureza. O sucesso comercial pode ser contraproducente, provocando uma perda de credibilidade nos melhores círculos. Queremos que os livros sejam objetos democráticos, para ser lidos por todos, estar acessíveis em todos os lugares, mas também queremos que continuem sendo sagrados.

Nessas ambivalências existe outra, mais fundamental – a ambivalência da própria coisa. Cultura não é um produto, claro. Mas então o que são laranjas, orquídeas, pássaros e pores-do-sol? Qualquer coisa pode começar como uma revelação e virar moeda, um objeto, uma mercadoria. Para que isso seja evitado, inventa-se um processo de certificação, tão ambíguo quanto o próprio objeto. A palavra torna-se um contrato registrado no tabelião; o título acadêmico proporciona a garantia; a instituição legitima; o selo dos sábios certifica.

E nisso reside a contradição. A cultura moderna nasceu com a revolução da imprensa. Rejeitando a mediação tradicional, floresce na revelação independente: a leitura da própria coisa revelando seu significado ao leitor. Mas o que chamamos de "culto" continua a significar algo completamente distinto, algo dependente de um processo não relacionado com a leitura: os ritos de passagem de uma instituição que consagra, certifica e garante. Os avanços verdadeiramente modernos – leitura livre e edição comercial – parecem agora menos cultos que a posse do conhecimento acadêmico, ainda hierarquizado como nos tempos medievais. Pode existir algo como um comércio não comercial? Segundo os antropólogos, sempre existiu. O comércio começou como diálogo: o intercâmbio tribal (antes do advento da troca ou da compra e venda) era o dar e receber da conversação. E ainda é assim, como fica evidente na atitude de quem se recusa a vender algo a alguém de quem não gostou ou que se recusou a conversar e barganhar. Essas pessoas não se vêem como máquinas de vender; não estão trocando coisas por dinheiro, mecanicamente, mas empenhando-se em dialogar. Se os engenheiros pudessem desmontar uma máquina de vender, voltar à sua remota origem antropológica e conseguir o projeto original, encontrariam um dito milagroso, "Bom-dia". Era assim que o comércio funcionava nos monastérios, e até mesmo na venda de indulgências, que pode ser considerada contraditória por revelar a ambigüidade de qualquer mercadoria. A venda de flores não é como a venda de um milagre, ou de uma graça, ou de passaportes para o paraíso? Não é como colocar um preço na eternidade? A consciência dessa ambigüidade surgiu na mesma época que a cultura comercial, que se escandalizava com a venda de indulgências mas já não podia regressar à auto-suficiência feudal.

Esse tipo de consciência pesada solapa o negócio do livro e todos os demais que consideram a si mesmos como acima dos negócios (comunas, cooperativas, lojas paroquiais, lojas de sindicatos, lojas estatais). O negócio do livro tanto deriva quanto se distancia do templo; cresceu paralelo à revolução comercial e prefigurou a revolução industrial (o livro foi um dos primeiros produtos manufaturados que ficaram mais baratos com a padronização); favorece o tipo de revelação pessoal defendida pelo protestantismo (que aboliu a venda de indulgências, mas tornou a Bíblia um *best-seller*) e também pela Revolução Francesa, a qual, pode-se dizer, começou com a venda de enciclo-

Livros demais!

pédias (Robert Darnton, *O iluminismo como negócio: história da publicação da "Enciclopédia"* – 1775-1800[4]).

Um dever de casa para o leitor: pesquisar por que os enciclopedistas franceses defenderam o livre-comércio e como a cultura liberal, as profissões independentes e o livro impresso emergiram na mesma época. Considere o progresso da revolução cultural desde a invenção da imprensa até o protestantismo e a contra-revolução correspondente, que restaurou novas formas de clericalismo: escolas profissionais, maçonaria, Partido Comunista, a pretensão de tudo ensinar academicamente, a intervenção estatal, a pressão das grandes burocracias (pública, sindical, acadêmica e privada) na vida independente. Veja no desprezo pelos negócios a abominação reacionária dos horrores da liberdade – a contradição das origens comerciais da cultura moderna.

Todo comércio é conversação: em outras palavras, é cultura, sempre correndo o risco de virar blá-blá-blá. Tudo bem considerar que os livros não sejam uma mercadoria, mas diálogo e revelação; entretanto, em vez de conduzir à rejeição do comércio, isso nos deve fazer compreender que, no final das contas, nada é simplesmente uma mercadoria.

---

4. São Paulo: Companhia das Letras, 1996 (tradução: Laura Teixeira Motta e Maria Lúcia Machado).

Livros demais!

Algumas questões sobre
a circulação dos livros

Três lugares-comuns sobre a circulação dos livros:
- O livro foi o primeiro meio de comunicação de massa a surgir na história, e continua a ser o mais nobre.
- A influência dos livros é enorme: a cultura se espalha e é transmitida por meio dos livros.
- Por serem caros – em especial para as massas dos países pobres – é que os livros não são mais amplamente acessíveis.

Os livros são meios de comunicação de massa? A comparação dos livros com outros meios de comunicação de massa é compreensível por várias razões: eles podem vender milhões de cópias; são dirigidos a um público anônimo; são um produto industrial que reproduz e multiplica símbolos; historicamente, estão no começo de uma linha que pode ser traçada da Bíblia de Gutenberg no século XV até o rádio, o cinema, a televisão e os meios digitais do século XXI. Mas deve ser feita uma distinção.

Redes postais, telegráficas, telefônicas e de correio eletrônico, apesar de serem veiculadas em massa, existem primariamente com o propósito de estabelecer comunicação direta entre dois correspondentes. Entretanto, textos orais como a *Ilíada* e a *Odisséia* e livros manuscritos ou impressos são algo bem diferente, os precursores dos meios de comunicação de massa: enviam sinais de um ponto central para o público. Não são um meio de troca; estão dirigidos a um público anô-

GABRIEL ZAID

nimo. Por isso é natural fazer a comparação. No entanto, essas várias comparações levam a uma incompreensão prejudicial ao livro, já que implicam que os outros meios o suplantam tecnologicamente, no apelo às massas e em influência. Portanto, o livro precisa ser defendido contra os novos meios – com queixas de como preços e distribuição evitam a circulação em massa e com afirmações sobre a grandeza do livro e sua influência a despeito de todos os obstáculos.

O fato de o livro ser o precursor dos meios de comunicação de massa e não ter o mesmo alcance parece colocá-lo em desvantagem, e isso dá ensejo a falsos problemas e falsas soluções.

Vale a pena perguntar, em primeiro lugar, se todos os livros merecem circulação em massa. A imensa maioria dos livros não é escrita para um grande público nem precisa disso para ser rentável. No outro extremo, há livros lamentáveis que alcançam um público enorme, comparável a ou até maior que o alcançado pela imprensa, pelo rádio ou pela televisão, embora isso não os torne menos lamentáveis.

Os livros não são realmente meios de comunicação de massa, apesar de poderem desempenhar seu papel, sem com isso proporcionar nenhuma vantagem especial à sociedade. É claro que obtemos alguma vantagem social quando compartilhamos um mínimo de leituras comuns, especialmente dos clássicos – ajuda o diálogo. O conhecimento compartilhado do alfabeto, dos números, de pesos e medidas, do vocabulário, e um mínimo de referências é uma coisa boa – permite-nos compreender uns aos outros. Sem um conhecimento comum de textos, canções, ditados, notícias e filmes o diálogo seria impossível. A uniformidade é maçante e entorpecedora, mas a diferenciação absoluta nos isola. Para que a diversidade seja enriquecedora é preciso haver uma base comum de conhecimento. Para além disso, a

Livros demais!

variedade é preferível. O que é desejável não é que todos os livros tenham milhões de leitores, mas que alcancem seus leitores naturais – os leitores que teriam em um mundo perfeito no qual a distribuição fosse impecável e o preço não fosse um problema, dando a cada possível leitor interessado a oportunidade de os ler.

O livro é um meio de ação? Vale a pena que nos indaguemos, também, sobre a influência dos livros. Está claro que tal influência existe, mas não como funciona, ou quão poderosa, boa ou má ela é.

A hipótese tradicional é evangélica na forma: as sementes são lançadas, e algumas se perdem ou caem em terreno estéril, outras são asfixiadas ou dão poucos frutos; mas algumas almas escolhidas respondem transformando sua vida e a vida de outros, propagando a influência. Assim se espalham as idéias, sobretudo se alcançam as pessoas no poder, ou se as pessoas com as idéias chegam ao poder. Desse modo, um diálogo ou uma tradição se estabelece no espaço e no tempo, e alguns livros de Aristóteles imprimem seu caráter nos idiomas europeus e formam os hábitos mentais de milhões que nunca sequer leram Aristóteles. Então, esse diálogo se embaralha em acontecimentos marcantes e nos permite ver, como na progressão Hegel-Marx-Castro, a maneira como uma poderosa influência intelectual secretamente molda a história.

Tudo isso representa um consolo agradável, em especial para aqueles autores que vendem poucos exemplares de seus livros e pensam que, afinal, Hegel vendeu ainda menos. Mas isso pode ser simplesmente uma maneira de banir o pesadelo da hipótese contrária, que também não foi provada, mas nem por isso é menos difundida: a de que escrever é se colocar à margem da realidade. Sócrates não acreditava na importância da escrita. Rimbaud e Juan Rulfo desistiram de escrever. Muitos clérigos e revolucionários sentiram-se culpados ou narcisistas por submergirem numa atividade (escrever) tão distante de resultados práticos. O sentimento de culpa dos que escrevem é bem conhecido e explica parcialmente nossa obsessão em colocar a pena a serviço de "causas nobres" para nos sentirmos menos inúteis. Se o mundo hispânico pôde esperar até 1966 para a tradução da *Fenomenologia do espírito* sem entrar em colapso pela falta de Hegel, se apenas alguns poucos estudantes revolucionários realmente leram o livro e se Fidel Castro declara publicamente que nunca leu mais que as páginas iniciais de *O capital*, o que queremos dizer quando falamos sobre a influência dos livros, mesmo sem falar nas massas?

É necessário distinguir e julgar separadamente o conjunto de fenômenos diferentes associados com a chamada influência dos livros. A fama dos autores ou títulos é uma coisa, a venda real de exemplares é outra, a leitura destes, outra e a assimilação e difusão de seu conteúdo ainda outra; temos também de considerar a conexão causal entre os fenômenos precedentes (renome, vendas, leitura, assimilação, difusão) e o que somos capazes de observar no comportamento do público.

Alguém pode ser conhecido como escritor apesar de nunca ter escrito um livro; ou, se o livro foi efetivamente escrito, apesar de não ter vendido nada; ou, se foi vendido, apesar de não ter sido lido; ou, se foi lido, apesar do fracasso em mudar alguma coisa. Alguém pode vender muitos livros e não ser famoso, ou exercer considerável influência sem ter escrito muito. Esses são fenômenos relacionados, mas diferentes.

E todos ainda estão por serem estudados. Será que a poesia politicamente engajada serve para alguma coisa? Será que a literatura pornográfica de fato faz mal? Se todos os que se suicidaram após ler *Os sofrimentos do jovem Werther* nunca tivessem lido o livro, teriam se

Livros demais!

suicidado de qualquer maneira? Será que a leitura de Marx provocou os acontecimentos de 26 de julho em Cuba? Será que a leitura dos evangelhos levou ao bombardeio de Hiroshima?

Podemos encomendar estudos que nos permitam medir e codificar a leitura por bairros, renda, idade, sexo, hábitos, preferências, e assim por diante. Mas não é fácil medir influência. Supomos que os anunciantes não têm interesse em estudar se e como a televisão faz mal às crianças. Mas nos assuntos que *são* do interesse deles, como a influência da propaganda nas vendas, também não chegam a ter muita precisão. O visconde de Leverhulme, fundador da fábrica de sabões Irmãos Lever, fez uma piada que circula até hoje: "Metade do dinheiro que eu gasto em publicidade é desperdício; o problema é que não sei qual metade" (David Ogilvy, *Confissões de um publicitário*[5]).

No que diz respeito aos livros, nossa ignorância é ainda maior. Na ausência de estudos, há uma série de teorias compassivas: não existe livro tão ruim que não tenha algo que se salve; qualquer livro é melhor que qualquer programa de televisão; não há nada mais nobre que ter um filho, plantar uma árvore e escrever um livro.

Acreditar ou não nos livros como forma de ação é, antes de tudo, exatamente isso: uma questão de crença.

Que massas não lêem? Existe uma diferença econômica essencial entre o livro e os outros meios. Faz parte do negócio da imprensa, do rádio e da televisão ganhar uma audiência que pode ser vendida a terceiros. O conteúdo, que deve ser aceitável para esses terceiros (os anunciantes), serve como isca para atrair e determinar o tamanho e o tipo de

---

5. Rio de Janeiro: Bertrand, 1993 (tradução: Luiz Augusto Cama).

audiência que o jornal, o rádio ou a televisão podem proporcionar. Obviamente, o fabricante de pás mecânicas não tem interesse em comprar a audiência que a televisão tem para oferecer. A televisão pode reunir milhões de pessoas para ver uma luta de boxe, mas poucos desses espectadores desejarão comprar pás mecânicas. O lugar certo para buscar uma audiência tão limitada, com um custo razoável, é uma revista especializada em assuntos de interesse da indústria da construção.

Isso explica por que algumas revistas especializadas são distribuídas gratuitamente aos leitores cuja descrição se enquadra no perfil da audiência visada. O dinheiro que a revista ganha com as assinaturas pode ser tão insignificante que o editor prefere ignorá-lo e aumentar a verdadeira renda da revista, que vem da venda de anúncios, oferecendo aos anunciantes uma audiência mais selecionada, lucrativa e bem acondicionada.

Na administração de muito estádios, a diferença entre perder e ganhar dinheiro depende do planejamento adequado dos corredores para a ótima circulação de vendedores. O evento esportivo é, assim, uma forma de reunir uma audiência que pode ser vendida aos concessionários de cachorro-quente, cerveja, pipoca e café.

No caso do livro, não existem esses terceiros: todos os custos são pagos pelo consumidor. Na transmissão de rádio e televisão comerciais, dá-se o oposto: a audiência não paga nada, salvo a compra do equipamento. Jornais e revistas são pagos em parte por terceiros e em parte pelo consumidor.

Disso decorre, portanto, que para os leitores os livros são relativamente mais caros que os outros meios. O custo relativo do livro limita seu alcance, sobretudo quando seus leitores potenciais são pobres, apesar de as bibliotecas públicas reduzirem essa barreira, pro-

Livros demais!

porcionando livre acesso às obras. O principal obstáculo para a circulação dos livros não é o preço, mas os diferentes interesses do autor e do leitor, as características do texto e as dificuldades da leitura e da escrita. Mesmo supondo que todas as pessoas do mundo estivessem interessadas em metalurgia ou surrealismo, haveria livros sobre surrealismo e metalurgia que alguns não conseguiriam acompanhar sem estudos preliminares. Essas dificuldades reduzem imensamente a leitura de um livro, não importando quão barato ele seja.

O mundo não está esperando ansiosamente para comprar e ler a obra-prima de qualquer um, mesmo que trate de metalurgia, surrealismo ou qualquer outro assunto de transcendental importância para a espécie humana. Contudo, se não fosse a ilusão, mais ou menos narcisista, de nos sentirmos o centro de um todo que brada por nós, como conseguiríamos escrever ao encararmos todas as evidências estatísticas que nos desencorajam? Se considerarmos a gravidade dos problemas dos países subdesenvolvidos e a importância da produtividade agrícola na solução desses problemas; se considerarmos, tal como disse Santayana, que aqueles que não conseguem lembrar-se do passado estão condenados a repeti-lo; e se estivermos conscientes da persistência histórica do fetichismo dos implementos agrícolas, como é possível não ver a importância da *História e estrutura dos mitos sobre agricultura de coivara entre os Bororos do sul?*

Qualquer autor acredita que seu livro seja essencial, pois para enfocar adequadamente o assunto ele tem de ver sua obra como o centro de um todo. Mas como o leitor pode adquirir esse centramento diante de todos os centros que demandam sua atenção? A menos que tenha formação e interesses similares, isso é difícil. Um livro é como um debate, e não é possível que todos acompanhem todo e qualquer debate, entrando e saindo à vontade. Para que isso acontecesse, teríamos de

GABRIEL ZAID

falar sempre sobre o tempo, ou algo semelhante, numa conversação destinada a começar uma e outra vez e jamais seguir em frente. Para chegar a algum lugar, e especialmente a certos lugares mais difíceis, é necessário acumular um mínimo de "horas de vôo" em comum.

O problema não é que milhões de pessoas pobres tenham pouco ou nenhum poder de compra. Pode-se ter o dinheiro para comprar um livro mas não o interesse ou o treinamento para apreender seu conteúdo. Isso acontece mesmo com graduados em universidades. Muitos deles preferem escrever a ler. De fato, milhões deles jamais aprenderam o que é gostar de ler.

Aprender a ler é a integração de unidades de significado cada vez mais complexo:

- A integração das letras que compõem uma palavra. Com nosso alfabeto e nosso método-padrão de ensino, um primeiro estágio é aprender a reconhecer uma palavra de relance. Isso não é tão fácil, nem uma tarefa só para crianças. É tão difícil quanto ler em chinês ou hieróglifos. A diferença entre soletrar e perceber de relance é enorme, e essa última habilidade não se adquire sem prática. Você pode registrar instantaneamente a palavra "eletromotriz" sem perceber como a criança que a soletra tem de voltar ao início e começar de novo, porque quando chega ao "t" já perdeu o todo que estava ajuntando, letra a letra. Mas a mesma coisa acontece quando se aprende um novo alfabeto (como esforço separado da aprendizagem de outro idioma); o alfabeto grego ou o gótico, por exemplo. Se você teve aulas de alemão usando o alfabeto romano, e de repente enfrenta uma escrita gótica, as pala-

Livros demais!

vras que conhecia perdem sua transparência tipográfica, se eriçam com complicações visuais e se perdem na folhagem espinhenta dos caracteres góticos; você tem de soletrá-las.

Soletrar em voz alta é reconhecer cada letra como um todo separado, com um potencial de assimilação no todo maior que as abrange e modifica: é buscar todas as unidades que podem ser satisfatoriamente integradas sob condições específicas; é procurar através do emaranhado da excessiva proximidade pela floresta perdida entre as árvores; é escapar do silêncio da letra (cujo quase imperceptível deslizar no significado aprendemos a ver graças às lições da poesia concreta) em direção do milagre da palavra inteira.

- Em seguida, todas as palavras de uma sentença devem estar integradas. Todo o processo se repete em um segundo nível. Palavras, com suas milhares de conotações possíveis, também podem ser mudas e isolar-se como entidades independentes. Aqui a integração é mais complexa, pois as modulações contextuais (sem nem ainda levar em consideração o contexto da sentença) têm complicações tipográficas, prosódicas, sintáticas e semânticas que impõem mais restrições à integração de unidades de significado.

Historicamente, a leitura começou como a simples recuperação do discurso oral, que era gravado num código gráfico, tal como a secretária toma o ditado de uma carta em taquigrafia, para poder reconstruí-lo. As pessoas não liam para compreender, mas para escutar e, por meio da audição, compreender. Da escrita se recuperava primeiro o som, e depois o significado. Assim como as crianças levam tempo

GABRIEL ZAID

para aprender a ler sem falar as palavras, a humanidade demorou a aprender a ler em silêncio, apreender o significado da escrita diretamente, sem antes convertê-la em som. Segundo Plutarco, Alexandre era capaz de ler silenciosamente; sete séculos depois, Santo Agostinho ainda se maravilhava por ter visto Santo Ambrósio fazer a mesma coisa.

- E assim por diante, até que seja possível ler um parágrafo, que é até onde chega a leitura de muitos alfabetizados. Adultos podem ser capazes de fazer malabarismos orais relativamente difíceis e complexos, mas revelar-se incapazes de manter a mesma habilidade quando lêem um texto em silêncio. Às vezes o esforço é comunal: um camponês que sabe ler transforma os parágrafos de um artigo de jornal numa versão oral inteligível, e então a história é compreendida como um todo por aqueles que estão escutando. O leitor faz pausas porque também precisa escutar; ele precisa de sua própria versão oral, sem a qual é incapaz de compreender o que o jornal relata. Ele "soletra" parágrafos, "desparagrafa", se é que se pode admitir tal termo, e, como uma criança, pode chegar até o "z" sem compreender o artigo em sua totalidade. Ele precisa percorrer o todo, parágrafo por parágrafo, como a criança que lê letra por letra.

- O nível seguinte – o qual muitos doutores, engenheiros, professores e pesquisadores, ainda "soletrando" parágrafos, como os camponeses do exemplo precedente, nunca atingem – é apreender o livro de uma vez, em sua totalidade. Como pode ler um livro alguém que precisa se esforçar arduamente por um período de dias, semanas e meses e esquece o significa-

Livros demais!

do do todo quando chega no "z"? E quantos cursos universitários não passam da tortuosa leitura de um texto durante o ano inteiro? Existe algo melhor para garantir a não-inteligibilidade de um livro do que lê-lo bem devagar? É como examinar um mural a dois centímetros de distância, percorrendo-o na velocidade de dez centímetros quadrados a cada três dias durante um ano, como se fosse uma lesma míope. Isso não permite a integração do todo, que se alcança quando se vê o mural de relance.

E assim passam os anos, e a experiência profissional e a experiência de vida fazem as pessoas amadurecer, mesmo em seu relacionamento com a linguagem, e então encontramos pessoas com formação universitária que demonstram razoável habilidade no trabalho e são capazes de levar uma conversa com alguma sofisticação, mas que pegam um livro e não sabem fazer outra coisa a não ser atirar-se ao chão, arrastando-se laboriosamente entre a folhagem que, de sua perspectiva de lesmas, são incapazes de apreender. E quem gosta de se sentir como lesma, em especial quando já se sabe expressar de forma inteligente em uma conversa? Essa insatisfação natural acentua a diferença entre o lado oral "desenvolvido" e o lado escrito "subdesenvolvido"; relega a leitura de livros ao círculo vicioso da estagnação. Pessoas que se sentem assim não lêem livros. Nunca aprenderam a fazê-lo. Nunca adquiriram o gosto pela leitura, e dessa forma jamais desfrutarão dela. E, é claro, não é necessário ler para ser bem-sucedido numa profissão, nem para ser aceito socialmente, ou para ganhar dinheiro.

E os que lêem livros porque tiveram a sorte de ter tido pais, professores ou amigos que eram leitores, esses poucos que lêem um

GABRIEL ZAID

livro por dia com a voracidade desabrida que mais tarde tende a lhes embaraçar – não compreendendo que foi esse próprio hábito que os ensinou a ler, já ler em tal ritmo ensina o leitor a apreender o todo de relance –, são tão poucos e dispersos que a média de leitura de livros é baixa, mesmo em países desenvolvidos. Ler não é o ato de soletrar palavras, ou o esforço de se arrastar pela superfície de um mural que jamais será visto em seu conjunto. Para além do alfabeto, do parágrafo, do pequeno artigo que pode ainda ser visto como um todo, existem analfabetismos funcionais em relação ao livro. A grande barreira para a livre circulação de livros é a massa de cidadãos privilegiados que conquistaram graus universitários mas nunca aprenderam a ler adequadamente, apesar dos excelentes manuais existentes, por exemplo *Como ler um livro*[6], de Mortimer Adler, ou *Como um romance*[7], de Daniel Pennac.

Estatísticas publicadas pela Unesco deixam evidente que a explosão no número de livros publicados no século XX é paralela à proliferação de graus acadêmicos. Mas a explosão diz mais sobre a oferta que sobre a demanda. Os graduados nas universidades estão mais interessados em publicar livros do que em lê-los.

Publicar é um procedimento-padrão no estabelecimento de uma carreira acadêmica ou burocrática. É como escrever os relatórios necessários ou preencher os formulários exigidos para entrar numa competição. Não tem nada que ver com ler ou escrever. Ler é difícil, toma tempo que deveria ser dedicado à carreira, e só dá pontos pela bibliografia citada. Publicar é um meio para atingir um fim. Ler é inútil: é um vício, puro prazer.

---

6. Rio de Janeiro: Guanabara, 1990 (tradução: Aulyde Soares Rodrigues).
7. Rio de Janeiro: Rocco, 1993 (tradução: Leny Werneck).

O fim do livro

Nenhum especialista em previsões tecnológicas prevê o fim do fogo, da roda ou do alfabeto, invenções que têm milhares de anos e nunca foram ultrapassadas, apesar de serem produto de povos subdesenvolvidos. No entanto, existem profetas que proclamam o fim do livro. Essa profecia é compreendida como um julgamento apocalíptico: a superabundância de livros oprime a humanidade e no final provocará a ira divina. Como julgamento tecnológico, porém, não resiste à menor análise.

Livros podem ser folheados. Nesse sentido, apenas as pinturas são superiores aos livros.

Um filme ou programa de televisão, apesar de serem visuais, não podem ser apreendidos de relance, como uma pintura. Nem folheados. É possível perder a concentração e ficar distraído, mas não avançar para ver o que vem depois, ou voltar atrás para compreender melhor, ou parar um momento para pensar.

Programas gravados em videocassetes ou DVDs permitem ao espectador avançar e retroceder, mas explorá-los não é tão simples. Nem o computador mais veloz é capaz de dar a sensação do todo que o rápido folhear de um livro permite, com a mesma desenvoltura. A pessoa fica impaciente explorando os arquivos do computador; não é fácil ter uma idéia rápida do conteúdo.

É muito difícil perceber com rapidez o sentido de uma seqüência temporal (mesmo que seja visual) que passa por meio de uma máquina. Para conseguir acompanhar o que sai de uma pianola, um toca-discos, gravador, computador, telefone ou fax, deve-se prestar muita atenção à seqüência de imagens ou sons. Para procurar alguma coisa é necessário agir às cegas, obstinada e desajeitadamente, incapaz de ver algo adiante.

É mais fácil encontrar coisas nos livros – o que não deixa de ser irônico, depois da declaração de Marshall McLuhan sobre a obsolescência da "escrita linear". Nada exige mais "leitura linear" que a televisão, as fitas e os discos. Ao contrário dos livros (ou das pinturas), não podem ser apreendidos de relance. Retrocedem aos textos da Antigüidade, como os Manuscritos do Mar Morto, que tinham de ser enrolados de um lado para o outro para poder ser lidos.

Essa desvantagem dos novos meios é evidente até mesmo na propaganda por mala-direta. Um leitor pode dar dois segundos de atenção a um panfleto antes de descartá-lo, mas há menos chance que a embalagem de um CD-ROM não solicitado faça-o colocar tal CD no computador para ler as informações: isso levaria mais que dois segundos. De modo similar, mesmo no auge da era "sem papel", muitas pessoas que trabalham em escritório preferem utilizar cópias impressas a atuar diretamente na tela. Mas a maior ironia é o manual de instruções que acompanha os equipamentos eletrônicos de ponta. Nenhum livro exige instruções eletrônicas explicando como deve ser lido.

A grande vantagem de um texto eletrônico é a velocidade com a qual as palavras (ou os assuntos, se forem previamente catalogados – como aqueles listados nos índices de livros – e solicitados correta e especificamente) podem ser pesquisadas. Isso vale particularmente para

Livros demais!

os CDs e DVDs, que permitem aos leitores ver listas de palavras e assuntos na tela antes de pesquisar pelos textos correspondentes. Quando não existem listas disponíveis, seja por não terem sido criadas ou porque é difícil consultá-las (baixar um dicionário pela Internet pode levar horas), a vantagem é bastante diminuída: numa busca cega, o leitor tem de adivinhar que palavras irão gerar respostas úteis. Porém, mesmo com a ajuda de listas, é impossível folhear textos eletrônicos.

O livro é lido no ritmo determinado pelo leitor. Com os novos meios, o leitor tem de se adaptar ao ritmo ditado pela máquina. E essa "leitura" só pode ser feita em uma única velocidade. Um disco, uma fita ou um filme cuja velocidade é alterada já não é mais legível. Em contraste, livros (dentro de certos limites) podem ser lidos na velocidade requerida pelo leitor e de acordo com o ambiente, o propósito, a passagem do texto ou as circunstâncias.

Essa é uma liberdade significativa. Um livro pode ser explorado a mil palavras por minuto, com técnicas de leitura dinâmica, ou uma linha reveladora pode ser vagarosamente contemplada. E é muito fácil voltar, reler, interromper, saltar partes que não são de interesse. Com os novos meios, essas operações podem ser complicadas.

Livros são portáteis. A vantagem do livro é que todos os outros meios exigem dois passos para ser lidos: um passo para transformar o sinal mecânico, magnético, óptico ou eletrônico (recebido ou gravado) em algo que, por sua vez (o segundo passo), seja legível por um ser humano. Já o livro é diretamente legível. Não exige que se carregue um instrumento intermediário, supostamente portátil e pouco discreto, que obrigue seus vizinhos a participar em algo que não lhes

GABRIEL ZAID

interessa. Nem precisa ser levado a um lugar especial, onde a máquina funcione. Um livro pode ser lido em quase todo lugar e em qualquer posição, esteja o leitor de pé, sentado ou deitado na cama.

Não há nenhuma vantagem em ler um romance em uma tela que mal é portátil e exibe textos com contraste mínimo e tipografia primitiva. Pode ser uma vantagem ler livros de referência em uma tela, sobretudo se a versão eletrônica estiver equipada com os arquivos e programas suplementares. Uma enciclopédia que lhe permita ler um artigo sobre o beija-flor, escutar seu canto e ver fotos coloridas do pássaro voando e também parado, ler todas as referências a ele em outros artigos, ver e escutar o nome do beija-flor em outros idiomas, tem vantagens óbvias sobre a versão impressa. E um disco é mais portátil, ou pelo menos parece ser. A verdadeira comparação, entretanto, não é entre os muitos volumes de uma enciclopédia e um único disco, mas entre a enciclopédia e um conjunto completo de equipamentos eletrônicos que não está destinado exclusivamente à leitura do disco. Na prática, para consultas rápidas, pode ser mais trabalhoso pegar o disco, levá-lo à máquina (se esta não estiver sendo usada por outra pessoa), ligá-la ou sair de um programa para outro do que pegar o volume impresso e consultá-lo diretamente.

Talvez o maior tributo da moderna tecnologia às vantagens do antiquado livro seja a tentativa de desenvolver uma tela eletrônica tão fina e flexível quanto o papel, sendo que centenas das quais poderiam ser encadernadas em algo parecido com um livro, que teria a mesma aparência visual e tipográfica do livro e até mesmo uma sensação tátil idêntica, sem fiação elétrica ou eletrônica: leitores de livros eletrônicos disfarçados de livros impressos.

Livros demais!

Não é preciso agendar a leitura de um livro. Para assistir a um programa de televisão, é necessário estar livre a certa hora, ou programar o gravador do videocassete. O espectador deve adequar sua agenda ao horário do programa. Em contraste, o livro se amolda à agenda do leitor: está disponível quando e onde ele queira. Não é preciso marcar hora antes.

As pessoas mudam facilmente de canal, e esse hábito de "zapear" pode ser considerado uma espécie de liberdade quando comparado com o cinema e, em especial, com peças e concertos, cerimônias sociais que exigem atenção fixa, em circunstâncias formais. Em casos extremos, o comparecimento exige um convite, harmonia entre as pessoas, precauções de segurança, roupa especial e preparações para uma viagem completa – para que se possa chegar em um lugar, numa hora estabelecida, onde não poderão se distrair, comer ou beber, gravar a apresentação, sair antes do final do espetáculo ou deixar de pagar um alto custo em tempo, dinheiro e respeito pelos demais, mesmo que o espetáculo seja horrível – tudo que só se justifica em ocasiões especiais. Mas zapear programas de televisão não é nada se comparado com zapear livros, que oferece mais variedade (não é preciso ter uma grande biblioteca para poder ter acesso a mais livros que canais de televisão) e flexibilidade de tempo. O livro permite zapear para frente e para trás, preserva a informação (sem obrigar a gravar nada) e não exige agendamento prévio. A própria facilidade de saltar para frente e para trás dentro de um livro ou pular de uma obra para outra levou Sêneca a alertar Lucílio sobre seu perigo: a dispersão do leitor.

Livros são baratos. São tão baratos que sua posse ou até mesmo a publicação particular são relativamente fáceis. Milhões de leitores

GABRIEL ZAID

podem-se dar ao luxo de comprar coleções de grandes livros, mas não uma coleção equivalente de pinturas. Uma pessoa de recursos modestos pode pagar para ter um livro seu publicado, mas não para encenar uma ópera ou produzir um filme que tenha escrito.

Livros são tão baratos que falamos de sua venda como se a única opção desejável fosse a biblioteca pessoal. Não pensamos sobre os museus dessa maneira. Ao contrário, museus particulares são considerados um luxo (e às vezes vistos com desconfiança).

A televisão e a imprensa são tão caras que nem podem ser pagas diretamente pelo público; são financiadas pelos anunciantes. Cinema, imprensa e televisão exigem audiências de centenas de milhares para suportar os custos. Livros, sem anúncios, são pagos com alguns milhares de leitores. Ainda não se inventou meio mais barato para se dirigir a tão poucas pessoas – tão amplamente dispersas no espaço e no tempo – que o livro.

Livros permitem uma grande variedade. Produzir um programa de televisão para três milhões de pessoas justifica um orçamento enorme. Se a mesma audiência se dividisse em seis canais, a variedade aumentaria pelo fator seis, mas os orçamentos teriam de ser mais restritos porque cada programa só poderia custar um sexto, quando muito. Se fosse dividida entre mil canais, a variedade seria seis mil vezes maior, mas os orçamentos seriam impossíveis: não se pode produzir um programa de televisão para três mil pessoas.

Isso explica por que a televisão desaponta: porque tem de ser atraente para centenas de milhares ou milhões de pessoas. A situação ideal – tanto em televisão quanto em livros – é que algo realmente excelente tenha apelo para o grande público. Isso acontece de vez em

Livros demais!

quando. No caso dos livros, porém, se isso não ocorrer não significa necessariamente um desastre financeiro, como acontece com a televisão. A televisão precisa produzir _best-sellers_: bons, maus ou excelentes.

Livros, ao contrário, podem ser _best-sellers_, mas não são obrigados a sê-lo. É economicamente factível publicar um livro excelente mesmo que não interesse a mais que três ou quatro mil pessoas, e muitos _best-sellers_ começaram assim. _O labirinto da solidão_,[8] de Octavio Paz, que já vendeu mais de um milhão de exemplares em várias edições, foi primeiro lançado numa tiragem pequena e não foi republicado por nove anos. Se fosse um programa de televisão, nunca teria sido produzido.

---

8. _O labirinto da solidão – E post-scriptum_. 3. ed. Rio de Janeiro: Paz e Terra, 1992 (tradução: Eliane Zagury).

O custo
da leitura

S e um livro de bolso custa dez dólares e leva duas horas para ser lido, para quem ganha salário mínimo,* o tempo gasto vale tanto quanto o livro. Para o profissional universitário que ganha de cinqüenta a quinhentos dólares a hora, o custo de comprar e ler o livro varia de cem a mil dólares. E isso não inclui o custo de ficar sabendo sobre o livro, procurá-lo, ir comprar ou encomendar, pagar, cobrir o custo de envio, acompanhar o pedido, fazer um pacote de devolução, se necessário, achar um lugar para ler e reservar espaço na estante.

O ganhador do prêmio Nobel de economia Ronald H. Coase introduziu o conceito de custo de transação. Processar um cheque bancário (preenchê-lo, manter o registro, protegê-lo, enviá-lo pelo correio, descontá-lo, verificar o saldo, contabilizar a transação por todas as empresas e bancos envolvidos, tirar e examinar os extratos) pode custar vários dólares, seja o cheque de um dólar ou de um milhão de dólares. Podem-se ignorar os custos de transação quando o cheque é de valor muito alto, mas não quando é baixo.

Livros são tão baratos que o seu manuseio provoca custos desproporcionais ao custo da transação. O custo da atenção dada a um único título ou a um único exemplar pode ser maior que a renda esperada. Isso pode explicar o desejo de lidar apenas com títulos de tira-

---

* Nos Estados Unidos. Para nossa situação o que vale é o raciocínio sobre os preços relativos (N. do T.).

GABRIEL ZAID

gens elevadas ou encomendas grandes, mas a solução prática é criar meios de lidar com transações adaptadas a encomendas pequenas. Isso se aplica a cada etapa do processo, da diagramação ao empréstimo por bibliotecários. Tome-se, por exemplo, promoção e publicidade: se for destinado a isso o equivalente a 4% das vendas, o que se pode fazer pela maioria dos títulos? Não muito. Seu orçamento é equivalente a 120 exemplares para cada três mil exemplares vendidos. Depois de doar exemplares para resenhas e enviar alguns de cortesia, o que sobra é uma miséria. Gastar muito em promoção e publicidade só faz sentido para os *best-sellers* – se houver certeza de que se está lidando com um.

O custo de imprimir um livro não é o fator mais importante no custo da leitura. Imprimir um exemplar adicional de um livro de massa pode custar um dólar (esse é o custo marginal, não o custo médio). Assim, quando os leitores pagam dez dólares, o preço já é dez vezes maior que o custo marginal de impressão, essencialmente por causa de todo o processo envolvido em transferir o manuscrito do autor para o editor e os exemplares acabados do impressor para o livreiro. E isso não é tudo. Para leitores e bibliotecários, só a descoberta e a aquisição de livros interessantes já são muito caras.

Em 1989, a British Library, que recebe gratuitamente exemplares de todos os livros publicados no Reino Unido, queixava-se de que recebê-los, catalogá-los, exibi-los e cuidar deles adequadamente custava 50 libras por exemplar, mais 1 libra por ano e por exemplar. Isso era mais que o preço médio dos livros. Dessa perspectiva, é fácil compreender a queixa do escritor mexicano Alfonso Reyes, que chegou a se sentir escravo de sua própria biblioteca e do número infinito de exemplares que recebia de cortesia de autores e editores; do escri-

Livros demais!

tor que doa sua coleção em troca de serviços bibliotecários; ou ainda do escritor que decide não criar uma biblioteca, dizendo: "Vou manter apenas os livros que planejo ler. Os que eu já li (ou jamais lerei), vou descartar".

O tempo é, de longe, o aspecto mais caro da leitura, exceto o tempo gasto em certas circunstâncias: no trânsito, na doença, prisão ou aposentadoria. Numa economia próspera, o tempo vale mais que as coisas, e é mais fácil comprar coisas que achar tempo para desfrutá-las. Comprar livros que jamais serão lidos é compreensível: achamos que poderemos lê-los algum dia e, por enquanto, podemos exibi-los às visitas ou mencioná-los em uma conversa. A leitura é um luxo dos pobres, doentes, prisioneiros, aposentados, estudantes. Quando os estudantes se transformam em jovens executivos com agendas sobrecarregadas, e quando seu salário aumenta, a leitura (se não for obrigatória) também se transforma em luxo para eles.

Escrever bem também se transforma em um luxo porque exige mais tempo do escritor. Se ele está na prisão ou é aposentado, tem bastante tempo livre, mas não se for médico, advogado ou executivo. Não pode se dedicar a reescrever um parágrafo várias vezes, embora o trabalho adicional possa economizar tempo para seus leitores.

É um absurdo que o escritor gaste duas horas para economizar um minuto para seu leitor se o texto for somente uma nota para sua secretária. Contudo, se for um livro com doze mil leitores, cada minuto representa um benefício social de duzentas horas em troca das duas horas, e a recompensa é de cem vezes o custo. Faria sentido se uma parte dessa recompensa fosse para o escritor que teve o trabalho de escrever bem, e para o editor que publica um livro tão legível – mas não é fácil cobrar por esse esforço.

GABRIEL ZAID

O custo da leitura seria muito reduzido se os autores e editores respeitassem mais o tempo dos leitores e os textos que têm pouco a dizer, ou os que são mal escritos ou editados, nunca fossem publicados.

A oferta e a
demanda de poesia

De tempos em tempos um livro de poesia vira *best-seller*. Em 1987, o jovem professor e tradutor do japonês clássico Machi Tawara publicou *Sarada kinenbi* [*Salada de aniversário*], uma coleção de tanka* que vendeu mais de três milhões de cópias no Japão. Treze anos mais tarde, *Beowulf: a new verse translation*, de Seamus Heaney, tornou-se *best-seller* com centenas de milhares de exemplares impressos. A experiência geral, entretanto, é a de que livros de poesia não vendem mais que algumas centenas de exemplares.

Segundo a American Booksellers Association, as vendas de poesia aumentam em abril, quando se celebra nos Estados Unidos o mês nacional da poesia e centenas de empresas apóiam essa promoção da American Academy of Poets em duzentas mil escolas, bibliotecas e livrarias. Em abril de 1997, porém, esse apoio se traduziu em apenas 137 mil dólares em vendas para a rede de livrarias Borders Books & Music, um dos patrocinadores. Diante de demanda tão escassa, a oferta é impressionante. *Poetry*, a respeitável revista fundada em 1912, celebrada por T. S. Eliot e com uma tiragem de dez mil exemplares (dez vezes a média das revistas de poesia), atualmente recebe noventa mil propostas por ano, vindas de todo o mundo.

---

* O tanka é a forma de poesia mais antiga do Japão. Os poemas são compostos com 31 sílabas, dispostos em cinco versos de 5/7/5/7/7 sílabas (N. do E.).

Pode-se compreender portanto o triste quadro pintado por Carl J. Buchanan ("How to publish poems today", www.aboutthearts.com/poetspage.htm, acesso em: 2 de outubro de 2002): "Uma nação inteira envia propostas para um punhado de revistas 'reais' e provoca uma congestão literária de proporções jamais vistas... Hoje, em comparação com 1980, existe um vasto aumento do número de poemas enviados, pelo menos vinte vezes maior". Mas não é necessário sentir saudades dos anos de 1970, quando o periódico *Coda: Poets and Writers Newsletter* informava que o *New Yorker* estava publicando três poemas por semana, mas recebendo oitocentas propostas. O *Coda* também relatava um incentivo no mínimo perturbador feito pelo *Golden Quill Poetry Book Club* [Clube do Livro de Poesia Pena Dourada]: a oferta de incluir na *Golden Quill anthology* um poema de cada assinante que comprasse pelo menos cinco livros por ano.

O lado terrível dessa política é que deixa o problema dolorosamente claro: enquanto a população com educação universitária aumenta, não aumenta o número dos que lêem, mas o número dos que querem ser lidos. A regra instituída pela Pena Dourada mostra que nem os poetas compram poesia, a menos que se exija que o façam para poder ver sua própria obra publicada.

A *Ploughshares** uma vez se queixou de que estava recebendo dezesseis mil manuscritos, por ano, de cerca de seis mil pessoas, dos quais nem dois mil eram assinantes. Cada vez que publicava um anúncio solicitando assinaturas, conseguia dez ou quinze originais por assinatura pedida. No entanto, rejeitava a prática adotada por algumas

---

* Outra reputada revista de poesia dos Estados Unidos (N. do T.).

Livros demais!

revistas, que se recusavam a ler cartas de possíveis escritores a menos que estes fossem assinantes.

Se todos os que desejam ser lidos na verdade lessem, haveria uma explosão sem precedentes, já que nunca tantos milhões de pessoas sonharam em ser publicados. Mas o narcisismo dificilmente gratificante do "leia-me que eu o lerei" degenerou-se em um narcisismo que nem ao menos é recíproco: "Não me peça que preste atenção em você: você presta atenção em *mim*. Não tenho o tempo, nem o dinheiro, nem o desejo de ler o que você escreveu; quero *seu* tempo, *seu* dinheiro e *seu* desejo. Não me importam suas preocupações; que tal você pensar nas *minhas?*".

O poeta Judson Jerome disse certa vez que se os escritores realmente tivessem consideração colocariam uma nota de cinco dólares dentro de cada livro que pusessem em circulação, como reconhecimento simbólico do tempo que estavam pedindo a seus leitores e amigos. Essa é uma solução radical em uma economia de mercado: se a oferta excede a demanda e ninguém é forçado a comprar, os preços caem até ficarem abaixo de zero, e os escritores têm de pagar em vez de cobrar para ser lidos.

Uma solução do tipo "Estado do bem-estar" seria a criação de um corpo nacional de gueixas literárias, formadas em literatura e na psicologia de escritores. Elas trabalhariam em tempo integral com os escritores que ninguém lê, ouvindo-os, lendo suas obras, elogiando-os e consolando-os.

Outra solução seria o racionamento. Um Instituto Nacional de Oferta e Demanda poderia estabelecer um sistema pelo qual aqueles que desejassem que sua obra fosse lida teriam de se registrar e provar que eles mesmos tinham lido alguma coisa. A cada mil poemas (ou contos, ou artigos, ou livros) lidos, o requerente teria o direito de publicar um poema (ou conto, ou artigo, ou livro). A proporção prescrita seria constantemente ajustada até que a oferta estivesse equilibrada com a demanda.

Um cilício para
escritores masoquistas

Considere tudo que poderia ser feito por um livro! Televisão, imprensa, rádio; governo, empresas, universidades, bibliotecas; crítica, conferências, amigos; livrarias, lojas de departamento, farmácias, aeroportos, bancas de jornal, clubes do livro, mala-direta, vendas de porta em porta, *telemarketing*, vendas à prestação; o mercado mundial, traduções; teatro, cinema, rádio, adaptações para televisão...

Sim, muita coisa poderia ser feita. E tudo foi feito, com resultados impressionantes, pela Bíblia; tudo foi feito pelo *Livro vermelho* de Mao. Mas será possível fazer tudo isso por todo livro?

Para início de conversa, "possível" tem um sentido cruelmente físico. Quantos livros cabem numa livraria? Alguns milhares em uma loja pequena; vinte mil numa loja média; centenas de milhares em algumas poucas *megastores*. E, no entanto, tudo isso representa uma porcentagem minúscula de tudo que há para vender.

Quantos livros cabem na casa de um leitor? Não muitos. E leitores nunca descartam os livros que ainda não leram, ou nunca lerão, para abrir espaço para outros; isso os faz sentir-se mal.

Quantos comerciais aparecem na televisão? Alguns milhares no correr de um ano. Se fosse feito um comercial para cada livro, não haveria tempo para mostrar todos, nem que todos os outros comerciais, as novelas, os noticiários e os demais programas fossem eliminados.

Digamos que, sob o patrocínio da Unesco, os melhores críticos do mundo fossem contratados para fazer uma resenha de cada um de todos os livros publicados – uma resenha brilhante. E suponhamos que cada resenha tivesse até três páginas. Esse sistema produziria material suficiente para a edição de dez mil livros por ano, compostos integralmente de resenhas. (Digamos também – a bem dos sofridos leitores do mundo – que essas mesmas coleções nunca seriam resenhadas, embora pedir tal abnegação a dez mil grandes críticos fosse demais – se é que esse número pudesse ser realmente alcançado.)

A maioria dos livros jamais é resenhada, traduzida ou republicada. Eles são vendidos (se forem) como novidades, mas depois da pequena venda inicial não existe uma segunda onda de vendas. Podem ser encontrados (se forem) nas bibliotecas dos amigos, em saldos, ou em poucas listagens bibliográficas – mas não nos Anais da História.

E ainda assim continuamos a escrever livros.

Já se fizeram cálculos dantescos a respeito da taxa de crescimento da população da Terra, predizendo, por exemplo, o ano em que aqui só caberão pessoas em pé. No entanto, nascem cerca de cem milhões de crianças por ano – muitas vezes menos que o número de livros impressos! Que tipo de superpopulação representa ameaça maior à humanidade? Que tipo de reprodução é mais irresponsável? O tipo que procura perpetuar um nome por meio dos filhos ou por meio dos livros?

Seu livro é uma apara de papel que é soprada pelas ruas, suja as cidades, enche as latas de lixo do planeta. É celulose, e celulose voltará a ser.

Constelações
de livros

Um leitor que leia cuidadosamente, reflita, entabule uma conversação viva com outros leitores, lembre-se e releia pode-se familiarizar com cerca de mil livros durante sua vida. Um leitor prodigioso ou profissional, que maneje e consulte livros com um objetivo específico, pode ler talvez várias vezes esse tanto, raramente mais. Mas existem milhões de livros à venda, dezenas de milhões em bibliotecas e incontáveis milhões de manuscritos não publicados. Existem mais livros a serem contemplados que estrelas à noite no alto-mar. Nessa imensidão, como o leitor irá encontrar sua constelação pessoal, aqueles livros que porão sua vida em comunicação com o universo? E como um único livro entre milhões pode encontrar seus leitores?

A amizade entre um leitor e um livro pode surgir de um acidente feliz e estender-se a outros livros mencionados pelo autor. Pode ainda chegar sob a forma de recomendação de um amigo, um professor, dos pais, que transmitem seu próprio entusiasmo ao jovem leitor ("Se você gostou deste livro, pode gostar desses outros"), ou do efeito estimulante de uma livraria ou biblioteca convidativa.

Um livreiro, antigo professor, construiu um negócio de sucesso ajudando leitores a descobrir suas constelações pessoais. O serviço que ele proporcionava era maravilhoso e baseava-se num método impossível. Estudando catálogos segundo a perspectiva de cada um de seus clientes, ele decidia que livros interessariam quais leitores, e suas predições quase sempre acertavam o alvo. Ele comprava o livro X para o leitor Z, e quando Z aparecia e folheava as novidades fazia uma feliz descoberta: um livro que o interessava. Naturalmente, se o encontro deixasse de acontecer, o livro permaneceria na prateleira. Em outras palavras, o método envolvia a antecipação dos desejos de um grupo de leitores e arriscava-se ao custo do fracasso.

Nós leitores (para não mencionar os escritores) nos aborrecemos quando não encontramos os livros que queremos, aqui e agora. Parece difícil compreender por que isso acontece, considerando o modelo implícito de um sistema de distribuição exaustivo que faz todos os livros alcançar todos os cantos do universo. Mas livros são vendidos e emprestados em mais de um milhão de pontos pelo mundo inteiro. Manter um exemplar em cada um deles superaria a demanda de qualquer título. E, reciprocamente, não existe canto no universo (nem mesmo na Biblioteca do Congresso Americano) onde se possam encontrar todos os livros. Sua distribuição é sempre incompleta e imprevisível. Escrever, publicar ou distribuir um livro é como colocar uma mensagem numa garrafa e atirá-la ao mar: seu destino é incerto. No entanto, continuamente acontece o milagre: um livro encontra seu leitor, um leitor acha seu livro.

Descobrir que um livro interessante está por aí esperando por nós é um milagre, o qual não pedimos mas podemos aproveitar comprando o livro no ato. Adivinhação e sorte têm papéis decisivos no encontro. Não acreditamos facilmente em como é improvável que encontremos o livro que buscamos em uma livraria – seja porque o procuramos por saber que existe, sem saber que existe, ou até mesmo sem saber que o estamos buscando até encontrá-lo.

Livros demais!

Em 1936 o *E o vento levou*, de Margaret Mitchell, tornou-se o primeiro romance a vender um milhão de exemplares em um único ano. Alexandra Ripley escreveu uma seqüência, *Scarlett*, que vendeu 2,2 milhões de exemplares nos últimos cem dias de 1991, tornando-se assim "o romance que vendeu mais rápido na história, assim como, em retrospecto, um dos mais rapidamente esquecidos" (Michael Korda, *Making the list: a cultural history of the American bestseller 1900-1999*). Esse recordista vendeu 22 mil exemplares diariamente e 154 mil a cada semana. Mas, segundo John Tebbel (*Between covers: the rise and transformation of American publishing*), nessa altura havia "mais de cem mil pontos-de-venda, variando de livrarias a supermercados e bancas de jornal". Conseqüentemente (deduzindo os pedidos por mala-direta, clubes do livro e do exterior), as vendas por ponto-de-venda nesses cem dias extraordinários alcançaram o recorde de um exemplar por semana.

Um livro como *Scarlett* pode ser encontrado em qualquer lugar. Mas não é prático vender a maioria dos livros em supermercados, bancas de jornal, ou mesmo em muitas livrarias. Imprimir cem mil exemplares de forma que cada ponto-de-venda tenha um exemplar seria um absurdo para a maioria dos títulos: uma grande parte da tiragem seria destinada à venda de saldos, devolvida ou destruída. A maioria dos livros só vende em pontos-de-venda selecionados e nunca alcança aquela média recorde de venda de um exemplar por ponto-de-venda por semana. Como ter certeza de que estejam no lugar e na hora certos sem ser vidente? Essa é a questão. Respostas incorretas produzem conseqüências onerosas ao editor, ao livreiro, ao leitor e ao autor. Coloque um exemplar aqui, nenhum ali; decida se deve fazer nova encomenda quando um exemplar é vendido, ou devolver o exemplar não vendido. Multiplique essas decisões por milhares de títulos e milhares de pontos-de-venda e o resultado é a confusão geral: aqui o livro não encontra o leitor; acolá o leitor não encontra o livro. Em cada ponto-de-venda a demanda é mínima e completamente imprevisível. Esse é o modelo estocástico típico, um nome elegante para o caos.

Uma boa livraria de interesse geral que tenha trinta mil títulos não contém nem 1% de todos os livros disponíveis. Supondo que a demanda fosse a mesma para cada título, a possibilidade de a loja não ter um seria de 99%. Se, nessas circunstâncias, um estranho chegasse com uma venda nos olhos para tomar conta da loja e respondesse: "Não temos esse livro" a qualquer pedido, estaria certo 99% das vezes. Na prática, o serviço falha numa porcentagem menor de casos, porque a demanda não é tão ampla (não é a mesma para todos os títulos, e concentra-se em determinados títulos), porque o livreiro a antecipa com um grau de sucesso e também a molda dando à sua loja certa identidade e, finalmente, porque os leitores ajustam sua expectativa ao tipo de loja na qual compram. O ajuste é recíproco: o livreiro imagina a constelação de livros que se adequarão perfeitamente a seus leitores e cria o tipo de loja que atrai clientes com expectativas similares.

Em uma boa livraria, a oferta e a demanda são fortuitas, mas não caóticas: têm uma fisionomia, uma identidade reconhecível, como constelações. A probabilidade de encontrar um livro em particular aumenta em relação à clareza do foco da loja, à diligência e esperteza do livreiro e ao tamanho do empreendimento. Alguns milhares de títulos podem ser muito atraentes para o leitor, se estes incluem tudo que lhe interessa. Totalidades realmente existem, em pequena escala. São como as listas de livros recomendados, ou bibliografias comple-

Livros demais!

tas sobre assuntos específicos. Editoras prestigiosas são outro exemplo. Seu catálogo é atraente, apesar de conter apenas dúzias ou centenas de livros, um número ridículo quando comparado com a seleção de qualquer livraria. O importante é a maneira como o todo é moldado com respeito a certos assuntos, critérios, locais ou clientela. Uma coleção pequena e bem ordenada pode ser praticamente exaustiva para determinadas constelações e produzir mais encontros felizes que uma coleção muito maior, embora mais amorfa. De acordo com isso, uma livraria especializada com três mil títulos em estoque necessita de um foco mais claro e preciso que uma livraria geral que estoque trinta mil títulos. A maior precisão é requerida quando o todo é definido (como no caso do livreiro-mentor) não em relação a um único objeto, mas a uma comunidade de leitores. Em contraste, em uma livraria enciclopédica como a Amazon.com, as probabilidades aumentam pela amplitude da seleção – mas não em qualquer escala. Uma vez que a Amazon existe, uma livraria enciclopédica que seja apenas um décimo do seu tamanho se torna muito menos atraente como recurso geral, embora possa preservar seu apelo como recurso especializado (médico, por exemplo). Entretanto, salvo exceções como a Amazon (com seus milhões de títulos), o fator constelação pesa mais que o fator escala.

O serviço perfeito pode ser alcançado de uma das seguintes formas: estocando cada livro do mundo ou empregando um vidente. A vantagem do vidente é o ridículo extremo oposto: o livreiro só precisaria ter em mãos aqueles livros que seriam requisitados naquele dia. O cliente descobriria que tudo que ele pretendia comprar (ou teria o impulso de comprar) já estava lá esperando por ele, e jamais haveria um livro extra nas prateleiras. Já que essas soluções são impossíveis, na prática o livreiro tenta, em parte, ter tudo (ou pelo menos tudo que se enquadre em certo perfil) e, em parte, adivinhar, com resultados terríveis tanto para o vendedor quanto para o leitor: ninguém pergunta pelos títulos disponíveis, e os livros que são solicitados nunca estão no estoque.

Cada leitor é um mundo: não existem duas bibliotecas pessoais idênticas. O número de livros é praticamente infinito, mas os recursos do livreiro são finitos. É bem provável que recursos sejam despendidos em um conjunto de livros que ninguém quer. Essa é a razão pela qual o negócio de livros às vezes é bem difícil. Se o livreiro compra um livro que é logo vendido, e com esses fundos compra outro livro que vende rapidamente e assim por diante, ele entra em um círculo virtuoso de expansão e serviço: ganha dinheiro, melhora sua seleção, aumenta o número de encontros felizes. Mas se comprar um livro que não vende, mesmo que tenha o direito de devolvê-lo à editora, o círculo é vicioso: ele não vende o livro em questão ou qualquer um dos outros que poderia ter vendido nas etapas sucessivas.

Se o livreiro puder devolver o livro, ainda perde com os custos de embalagem e frete, assim como com o tempo e o espaço gastos em oferecer um título que ninguém quis. Sua capacidade de serviço falhou em relação ao leitor, ao autor e à editora, com conseqüências negativas para todos os envolvidos. Caso ele não possa devolver o livro, sua situação é pior. Encolhe o orçamento disponível para novas compras; a seleção fica datada e gera progressivamente menos movimento (clientes vêem menos títulos novos a cada vez que entram, e deixam de ir à livraria); vende-se menos, mas os custos não diminuem; o estoque reduzido que realmente movimenta e gera renda tem de carregar o estoque morto e é afinal esmagado por seu peso; a renda

Livros demais!

torna-se insuficiente para renovar o inventário, pagar os custos e cobrir os débitos.

O que é mais notável sobre essas falhas é que elas podem ocorrer quando as estantes estão cheias de bons livros. Mas o que é um bom livro quando ninguém sabe onde está ou o solicita? Fora do lugar e do momento em que participa do encontro feliz com o leitor, o livro não vale o papel em que foi impresso; é sujeira espalhada pelas ruas ou flutuando no mar. Sua utilidade é reduzida ao seu conteúdo de celulose que pode ser reciclado. Os melhores livros podem-se transformar em lixo se forem colocados aleatoriamente nas livrarias, bibliotecas ou nos catálogos errados, se estiverem fora de ordem nas prateleiras, se estiverem escondidos em um lugar de difícil acesso, se houver obstáculos físicos, de agenda ou de transação para sua aquisição, ou se ao leitor é dito que não estão disponíveis quando na verdade estão. Podem também se transformar em lixo simplesmente fazendo parte de coleções negligenciadas: ninguém visita uma livraria ou biblioteca deficientes na seleção ou no sentido. Um livro fora da constelação na qual faz sentido é um livro órfão.

Existem livros demais, e quase todos valem menos que o esforço de procurá-los sem sucesso em vários lugares, ou o custo de fazê-los chegar a cada um de seus leitores potenciais. O encontro feliz pode não ter preço, mas quanto tempo alguém pode dedicar à compra ou à venda de um livro? Um único livro é tão barato que não consegue absorver a maior parte dos gastos de publicidade ou divulgação; de fazê-lo chegar ou enviá-lo; de empacotar, armazenar, abrir contas, faturar, cobrar, aceitar devoluções, informar leitores, informar a si mesmo. Os custos podem ser desproporcionais para uma transação tão pequena.

Um livro afundado no caos está irremediavelmente perdido. Quem vai enfrentar a custosa expedição de descobri-lo e resgatá-lo? A exigência fundamental que deve ser feita a qualquer livraria é que sua coleção tenha uma forma que seja informativa em e de si mesma; tenha uma identidade distinta, para que os leitores possam facilmente saber o que cabe e o que não cabe nela. Uma identidade clara e evidente atrai a atenção e orienta o cliente. Esse é o segredo do apelo magnético de certas combinações: o ruído se transforma em música; estrelas espalhadas adquirem um perfil, nomes e mesmo lendas, e tornam-se constelações reconhecíveis que orientam a navegação. Bons conjuntos resgatam os livros perdidos no caos e produzem o maior número de encontros felizes ao menor custo possível, muito tráfego de leitores e bastante retorno por unidade de investimento, custos fixos e despesas com o leitor.

Um livro corretamente posicionado torna mais atraente toda uma coleção, e quando o todo assume um perfil coerente o livro é encontrado com maior facilidade por seus possíveis leitores. Da mesma forma, os artigos em uma boa revista reforçam uns aos outros e tornam a revista atrativa, como uma constelação interessante, avivando a troca de um grupo de autores e leitores. Se o que a revista (ou livraria, ou biblioteca, ou editora) tem a oferecer é caótico, o custo para os leitores é alto e desencorajador, mesmo que, esperando encontrar um milagre enterrado no lixo, sejam capazes de fazer o trabalho que o editor (ou livreiro, ou bibliotecário) negligenciou. Tal como escritores, que fazem coisas com base em palavras que não são suas, editores, livreiros, bibliotecários, professores, organizadores de antologias e críticos inventivos reúnem textos que não são seus em conjuntos significativos e atraentes.

Livros demais!

Ficamos aborrecidos quando não conseguimos encontrar um livro, aquele que deveria estar onde queremos, no instante preciso em que o desejamos. Acusamos os livreiros de ser incompetentes, quando não de conspirar contra aquele livro maravilhoso que por direito deveria estar por todo o universo. Em uma livraria em que, de tanto visitar, passei a conhecer de cor, certa vez fiquei absurdamente contente por conseguir encaminhar um cliente a um livro sobre o qual ele tinha acabado de ouvir que a loja "não tinha". Então, depois de observar livreiros, fazer amizade com alguns deles e refletir sobre suas dificuldades, compreendi que sua tarefa era impossível. Apesar de poderem existir – e existem – tanto livreiros excelentes quanto incompetentes, o problema subjacente vai além da habilidade individual. Ficar com raiva porque um livro não está onde você quer é como ficar zangado diante dos acasos do destino.

Em vez disso, devemo-nos alegrar com o destino, abraçá-lo, celebrá-lo, explorar livrarias em busca de um milagre. Como disse Heráclito, se não esperamos o inesperado, não vamos encontrá-lo. Em nossos vagares por ilhas de prateleiras cheias, praias desertas e mesmo nesses depósitos de lixo que flutuam ao lado dos cais, um encontro feliz pode acontecer: é a mensagem na garrafa que estávamos esperando.

*Em busca
do leitor*

Em suas *Confissões*, Santo Agostinho conta ter recebido uma mensagem cantada do paraíso: "Tome isto e leia". Sua vida se modificou com a descoberta de uma epístola de São Paulo aparentemente escrita só para ele. Como, porém, podemos recrutar os anjos para prestar um serviço semelhante a todos nós? Existem "infinitos" livros no mundo e "infinitas" pessoas. Quem pode emparelhar esses dois infinitos para produzir a lista reduzida de encontros ordenada pelo conteúdo de um texto e pela história pessoal de um leitor?

Na maioria dos casos, o público natural de um livro limita-se às centenas ou milhares de pessoas para as quais o livro tem algo a dizer. São tão poucas que uma lista delas poderia ser viável. Mas ninguém sabe onde encontrar esses nomes, como imprimir o número correto de exemplares do livro, distribuí-los pelo planeta e alertar os leitores certos. *Este livro foi escrito para você; aqui está, agora o leia.* Intermediários humanos (editores, distribuidores, livreiros, bibliotecários, críticos, professores, parentes, amigos) fazem o que podem. A história do livro está cheia de esforços para facilitar esses encontros.

O esforço primordial foi pré-histórico. Consistia em memorizar algumas palavras eloqüentes, que tinham sido ditas e pareciam merecedoras de repetição para que outros pudessem ouvi-las. Dessa forma, passamos do discurso efêmero para a criação de um texto memorável: de sentenças a canções, contos, discursos e, afinal, obras

GABRIEL ZAID

monumentais como os poemas homéricos, que foram memorizados e transmitidos oralmente. Esse sistema de reprodução e distribuição de textos não desapareceu. É ainda o meio de circulação para muitas frases, a maioria das piadas, uma boa parte da crítica social, lendas urbanas, anedotas e aforismos das tribos contemporâneas e, é claro, a literatura oral tradicional. Telefone, rádio e televisão, todos reforçaram esse sistema pré-histórico.

A escrita apareceu em seguida: a inscrição física das palavras na pedra, na cerâmica, no papiro, no pergaminho, na cera, no papel, e registros fotográficos, fonográficos e eletrônicos. Esses novos sistemas coexistem com o sistema original. Em alguns casos o reforçam (transcrições e registros podem estender o alcance da comunicação oral e, quando falha a memória, refrescá-la e corrigi-la); às vezes o modificam (se transcrições ou registros existem, a improvisação é menos livre, estabelece-se uma versão padronizada, e há poucas variantes locais); mas, acima de tudo, multiplicam nossas oportunidades para criar, reproduzir e distribuir textos memoráveis de novas maneiras.

A preservação de textos e outras obras em um meio físico é um suporte externo da memória biológica que facilita a criação. Uma história pode ser composta e narrada de memória, mas não um romance. Uma canção pode ser composta e cantada de memória. Mas como pintar e exibir um quadro de memória? A preservação física do trabalho criativo não apenas expandiu a memória coletiva no tempo e no espaço como também tornou possível para a espécie humana construir uma herança criativa, acelerando dessa forma o seu desenvolvimento. Em particular, permitiu a emergência do leitor, do autor, do editor e do crítico individuais. Na literatura oral, esses papéis só existiam em estado embrionário; mal assumidos e reconhecidos, per-

Livros demais!

diam-se no anonimato ou eram atribuídos a fontes legendárias. Mas a preservação também permitiu novas formas de anonimato: os panfletos do século XVIII, o samizdat* do século XX, as piadas, críticas e a distribuição clandestina de textos que circulam na Web.

Alguns sistemas físicos desapareceram: escrever em tabletes de cera (revividos por Edison, com seus cilindros fonográficos, apenas para se desvanecer em seguida); gravações em discos de 78 rpm. Nunca faltaram cassandras proclamando o fim de outros sistemas. Mas assim como o plástico e o alumínio não eliminaram o uso do cobre e do ferro, escrever no papel e imprimir livros pode durar ainda muito tempo. De fato, longe de diminuir, a demanda de papel aumentou com o advento de sistemas eletrônicos. Dadas as rápidas mudanças em *hardware* e *software*, textos digitais de apenas alguns anos atrás podem ser mais difíceis de preservar e ler que livros impressos há séculos, ou manuscritos com mais de mil anos.

Reprodução e distribuição com estoque. A imprensa com tipos móveis foi a precursora da indústria moderna: um sistema de partes intercambiáveis (caracteres) que permitia a fabricação de produtos muito diferentes (livros) de forma repetitiva, mais barata que a produção artesanal de volumes individuais (copiados à mão). Ao mesmo tempo, ali surgiu um problema fundamental comum a todos os produtos manufaturados: o inventário.

Quando os livros eram reproduzidos por copistas, que os transcreviam um a um, o problema não existia. Cada exemplar era, efetivamente, produzido sob demanda. A imprensa criou a necessidade de

---

* Textos publicados e distribuídos secretamente na União Soviética (N. do E.).

GABRIEL ZAID

um estoque, o problema de financiá-lo e o risco de que se tornasse impossível vendê-lo. No caso dos livros com venda garantida, como a Bíblia, capitalistas financiaram a produção, entraram no negócio da distribuição e, finalmente, eles mesmos se tornaram editores. Para outros livros, o risco era reduzido com a venda por subscrição. O sistema de subscrição não desapareceu, ainda que, desde que os editores começaram a assumir o risco do negócio de produzir por conta própria e financiar todo o processo, tenha-se tornado menos importante.

Esse risco é fundamental. Quase todo o capital de um editor está vinculado a adiantamentos para autores, ao inventário (papel, livros em produção, livros no depósito e livros vendidos em consignação) e ao crédito estendido a distribuidores e livreiros. No momento em que o investimento numa primeira tiragem é recuperado já se passaram meses, ou anos, dos gastos iniciais. Com mais freqüência do que se pensa, o ciclo termina com o armazenamento de livros que não podem ser vendidos, os quais devem ser liquidados ou destruídos, o que diminui o capital disponível para a publicação de outros livros.

Estoques de exemplares não vendidos não existem no caso de periódicos, já que praticamente ninguém está interessado no jornal de ontem. As devoluções são destruídas, e o desperdício é pago pelos anunciantes e leitores como parte do custo-padrão do produto. Algo dessa forma de pensar se transferiu da imprensa para o mundo dos livros, talvez desde que os livros de massa começaram a circular pelos canais de distribuição de jornais. Os livros passaram a ser encarados como revistas, com um tempo de prateleira curto, o que reduzia as oportunidades de o livro e o leitor se encontrarem. Mas o interesse dos leitores não é tão passageiro. Essa realidade, combinada com as esperanças dos editores e o horror geral à destruição de livros, enco-

Livros demais!

raja a manutenção de muitos livros em estoque. O custo não é tão visível quanto no caso dos jornais e, como resultado, é pago pelo editor em vez do leitor.

Stanley Unwin, em *The truth about publishing*, enfatizou as perdas escondidas nos estoques: "Quase todos os editores enganam a si mesmos – não raro inconscientemente – e sobrevalorizam seus estoques. Muitos editores seriam incapazes de encarar os cálculos de lucros e perdas se lidassem adequadamente com a depreciação... Uma boa parte dos editores agradeceria muitíssimo se pudesse transformar todo seu estoque em dinheiro pelo valor que aparece em seu balanço, e quando isso ocorre, é quase certo que o estoque está sobrevalorizado".

Algumas tradições aparentemente conservadoras da contabilidade ajudam os editores a enganar a si próprios. O custo de cada livro é calculado pela divisão do número de exemplares produzidos, e não pelo número de exemplares que realmente serão vendidos, pela razão óbvia de que o primeiro número é conhecido e o segundo não. O estoque também é avaliado pelo seu custo, não pelo preço de venda, o que é conservador para os exemplares efetivamente vendidos, mas não para aqueles que não serão.

Outro erro é cometido quando os editores fixam o preço de venda segundo o custo unitário e ignoram o risco do estoque. Agir dessa maneira é assumir a perspectiva do impressor. No que diz respeito ao impressor, todos os exemplares são vendidos na produção (ao editor). O problema do estoque não é deles. Quando mais exemplares são impressos, as vendas crescem, os custos são reduzidos e o lucro aumenta, ainda que parte desses benefícios seja transferida para o editor sob a forma de custo unitário mais baixo. Em contraste, o problema para o editor, para quem as vendas não são garantidas, é o

GABRIEL ZAID

de comprar demais: existe uma perda embutida no seu estoque que, cedo ou tarde, se tornará evidente.

Se cada mil dólares de despesa feita até o momento em que o livro é impresso (tradução, edição, *design*, composição, fotolitos, pré-impressão) forem divididos por mil exemplares, e depois dois mil, três mil, e assim em diante, pode-se supor que o custo unitário estaria "decrescendo" de US$ 1 para US$ 0,50, US$ 0,33, US$ 0,25, US$ 0,20 etc., por exemplar. Mas há algo ilusório nesses cálculos. Não importa o número de exemplares: os mil dólares já se foram, e esse dispêndio é sempre o mesmo, nunca menor. O que realmente muda é que o segundo milhar de exemplares tem menos probabilidade de vender que o primeiro, o terceiro menos ainda e daí em diante. Cada mil exemplares adicionais aumentam a possibilidade de erro.

Unwin afirma:

> Freqüentemente vale a pena publicar um livro se este puder ser lançado a até determinado preço, e é provável que seja um fracasso se editado a um preço maior [...]. Muitos livros bons não podem ser editados, exceto com prejuízo, devido às limitações de preço [...]. Deve-se ter claro que o custo de composição permanece o mesmo seja lá qual for a quantidade impressa [...]. Com isso em mente, o gerente de produção pode assinalar que, se fosse impresso o dobro do número previsto, ou mesmo um milhar adicional, não haveria dificuldade em alcançar o desejado [preço... O] preço de capa tem de ser pelo menos cinco vezes o custo da manufatura. Nos Estados Unidos está em pelo menos seis vezes [...]. Mas deixar que o desejo de publicar a determinado preço defina a quantidade a ser impressa, em vez da demanda provável, é tanto uma armadilha quanto uma ilusão.

Livros demais!

O custo de errar não é um conceito especificado nos balanços contábeis, mas uma realidade básica no mundo do livro. O autor que passa anos trabalhando em um livro fracassado; o editor de um livro que finalmente tem de ser liquidado; a livraria que é incapaz de vender o livro; o leitor desapontado que não consegue terminar a leitura (ou, o que é pior, termina): todos cometeram um erro e pagaram o preço. Paradoxalmente, o estoque não vendido mantido pelos editores é registrado como um ativo nos balanços financeiros. Árvores desperdiçadas são registradas como crescimento econômico. Livros medíocres, desnecessários e, francamente, ruins são contados como créditos profissionais, inchando o capital acadêmico de autores e instituições.

Com um exército de anjos sob seu comando, os editores poderiam prever a demanda exata, sua evolução no tempo e sua distribuição por regiões. Teriam uma lista dos leitores interessados em um título particular, com endereços e telefones, para que pudessem alertá-los e vender-lhes o livro, que seria impresso e reimpresso nas quantidades exatas. Isso eliminaria as devoluções e o desperdício de estoque. (Também levaria, em muitos casos, a vendas diretas.) Mas os intermediários humanos não são anjos. A experiência editorial demonstra amplamente como é fácil cometer um erro no julgamento de um livro, seja em seus méritos literários quanto no seu potencial de vendas.

Em 1911, André Gide recusou *No caminho de Swann*, dc Marcel Proust. Em 1964, um editor da McGraw-Hill rejeitou *The Peter Principle*,[9] de Lawrence J. Peter, com as seguintes palavras: "Não vejo nenhuma possibilidade comercial para tal livro" (André Bernard, *Rotten rejections*).

---

9. *Todo mundo é incompetente, inclusive você*. Rio de Janeiro: José Olympio, 1970 (tradução: Heitor de Aquino Ferreira).

Erros custosos também acontecem na direção contrária (adiantamentos, custos de publicidade e tiragens excessivamente grandes), tal como são registrados nas páginas do *Publishers Weekly*. Mas os erros mais freqüentes não fazem barulho. Acumulam-se, silenciosamente, no estoque.

Reprodução e distribuição sem estoque. Para a indústria em geral, os japoneses inventaram os sistemas *just in time* de sincronização (que reduzem o inventário ao mínimo) e os sistemas de manufatura "em rota" (a manufatura acontecia no navio a caminho do mercado, dessa forma integrando e reduzindo os custos de matérias-primas em processamento, produtos em trânsito e produtos acabados). O ideal utópico da indústria contemporânea é retornar, em certo sentido, à produção artesanal: receber o pedido de cada cliente, individualmente, eliminando lojas, distribuidores e estoque de produtos acabados. O exemplo até agora mais notável é o sucesso da Dell, que monta seus computadores segundo especificações individuais (com base em uma lista muito extensa de opções) e depois os envia diretamente para a casa dos clientes. O futuro do livro compartilha desse ideal utópico e abarca outros, próprios, em particular o sonho da biblioteca definitiva.

Os antigos viam o universo como um livro e sonhavam em recriá-lo espelhando-se em uma biblioteca. Em 1941, Borges levou essa fantasia ao extremo: "A Biblioteca de Babel" incluiria até mesmo os livros ainda a serem escritos. Alguns anos mais tarde, Vannevar Bush propôs o que hoje chamamos de hipertexto: a ligação eletrônica de todos os textos. "Uma biblioteca com um milhão de volumes poderia ser comprimida no canto de uma escrivaninha. [Todo o material

Livros demais!

impresso] que a raça humana produziu desde a invenção do tipo móvel [...] poderia ser levado numa camioneta." Um mecanismo chamado Memex (extensão de memória) trabalharia automaticamente como a memória, ligando o que importasse e esquecendo todo o resto. "Dessa forma não se esperaria igualar a velocidade e a flexibilidade com que a mente segue uma trilha associativa, mas seria possível ultrapassar a mente de forma decisiva no que diz respeito à permanência e à clareza dos itens ressuscitados do armazenamento [...] Assim a ciência poderia implementar os modos pelos quais o homem produz, armazena e consulta o registro da raça" ("As we may think", *The Atlantic Monthly*, julho de 1945).

A Bíblia medieval era uma forma primitiva desse projeto: um espelho do universo no qual todos os livros sagrados eram reunidos e ligados hipertextualmente com referências, concordâncias e comentários. Conseguir algo semelhante na Web – uma biblioteca digital universal que inclua o texto completo de todos os livros, de todas as eras, em todos os idiomas – seria difícil e caro, mas tecnicamente possível.

Na sua forma radical, essa fantasia elimina não apenas todo o estoque como também os intermediários. Na teoria, acessar um texto na tela deveria ser mais fácil, barato e atraente que apelar para o livro encadernado, sem necessidade de armazéns, livrarias ou bibliotecas. Na teoria, não seriam necessários intermediários: o escritor poderia dirigir-se diretamente ao leitor, tal como muitos escritores que disponibilizam seus textos na Web já o fazem, e como Stephen King tentou fazer em grande escala comercial. Mas Deus está nos detalhes práticos, que parecem sugerir que a tecnologia digital está destinada a complementar em vez de substituir o livro impresso e seus provedores.

GABRIEL ZAID

Sistemas digitais de impressão sob demanda eliminam a necessidade de manter inventários à mão. Em vez de produzir mil ou mais exemplares de cada título e dobrar, ordenar e encadernar mil exemplares de um livro – como as gráficas fazem, e em vez de fotocopiar uma única página mil vezes, depois a página seguinte, e daí por diante, para poder reunir as mil cópias – como uma simples copiadora faria –, as novas máquinas, tal como os velhos copistas, podem fotocopiar ou imprimir eletronicamente um único exemplar completo, da primeira à última página. Dessa forma, o impressor não poderá mais dizer ao editor: "Vou cobrar menos por exemplar se imprimir mais". Pela própria natureza do processo, terá de cobrar a mesma quantia, mesmo que a encomenda seja pequena.

As grandes rotativas utilizadas para a produção em massa de brochuras, também podem fazer produtos que não estão em andamento, mas usá-las apenas para produzir alguns milhares de exemplares não é econômico, assim como usar impressoras tradicionais para produzir algumas centenas de exemplares. Sistemas de impressão sob demanda podem facilmente produzir dúzias de cópias ou uma única cópia. São competitivos para pequenas tiragens, para livros de qualidade-padrão. Sua função mais importante será aumentar o tempo de vida de títulos cuja reimpressão seja atualmente proibitiva.

Reimprimir em pequenas quantidades permite a todo o catálogo do editor que permaneça ativo, apesar de a demanda por alguns títulos cair para uma centena ou mesmo dez cópias ao ano. (O caso mais extremo, segundo o *Livro Guinness de recordes mundiais*, foi o da tradução do copta para o latim que a Oxford University Press vendeu ao ritmo de 2,6 exemplares por ano de 1716 a 1907.) A solução tradicional (reimprimir pelo menos mil cópias) implica tirar do catálogo vários

Livros demais!

títulos, mesmo que tenham sido antigos *best-sellers* e se ajustem perfeitamente ao catálogo. Quando, porém, quantidades muito pequenas podem ser reimpressas, o risco do investimento do editor torna-se manejável. Essa possibilidade pode ser levada em consideração desde o momento em que se encomenda a primeira impressão.

Se o editor acredita que pode vender dois mil exemplares de um livro, mas não estiver confiante de poder vender três mil, pode imprimir dois mil da maneira tradicional e esperar para ver o que acontece, com a certeza de que poderá imprimir mais se for necessário, de acordo com a demanda. Se ele vender mais trezentos, que lhe custem seis dólares por exemplar, terá feito um investimento completamente seguro de 1.800 dólares em pagamentos pequenos durante certo tempo, o que é bem diferente de arriscar três mil dólares em um único pagamento como adiantamento para imprimir mil cópias extras de uma vez e armazená-las para o caso de vir a necessitar. Mesmo que o custo por unidade da impressão sob demanda seja duas vezes maior (uma comparação ilusória porque os livros impressos pelo método tradicional não podem ser encomendados um a um, mas apenas aos milhares), a diferença é amplamente justificada como seguro contra a perda oculta de manter setecentos exemplares invendáveis no depósito, o que aumenta o custo dos trezentos vendidos para dez dólares cada um, mais juros e armazenamento. É simplesmente lógico que a tradução do copta para o latim deveria ter sido impressa exemplar a exemplar desde sua primeira edição.

As novas máquinas podem ser colocadas em vários pontos do circuito: com o impressor, o editor, o distribuidor, ou em um serviço especializado de impressão sob demanda. As implicações comerciais variam dependendo da localização. Se tornar-se prático que cada li-

GABRIEL ZAID

vraria tenha uma máquina, as devoluções serão coisa do passado. Caso as máquinas se tornem compactas e baratas como impressoras de computador, poderão estar na residência dos clientes. Isso significaria a realização da biblioteca universal digital, sendo qualquer leitor capaz de baixar qualquer livro pela Internet para sua tela ou impressora, tal como agora é possível baixar (em páginas soltas) milhares de clássicos digitalizados pelos voluntários da Associação do Projeto Gutenberg.

Não surpreende que tantas pessoas prefiram pagar por edições tradicionais quando podem ler livros gratuitamente na tela ou impressos em páginas soltas (a um custo de impressão por página que nem sempre é menor que o custo por página do livro tradicional). Olhar algo na tela ou imprimir algumas páginas não é a mesma coisa que ler o texto inteiro na tela ou imprimi-lo na própria impressora. O conteúdo pode ser idêntico, mas a experiência visual, tátil e até mesmo olfativa pode fazer muita diferença para o leitor. Ainda que a capacidade hipertextual da versão eletrônica seja, em princípio, superior à dos índices tradicionais (que nem todos os livros têm), existem inúmeras formas práticas nas quais o livro tradicional é superior. No nível mais básico, não há a necessidade de ter uma máquina ligada diante de si, com o texto na tela. Essa vantagem prática e muitas outras (fácil transporte, menor possibilidade de roubo, impossibilidade de emprestar o livro a um amigo – ou emprestar de um amigo – sem o devido aparelho de leitura, direitos autorais) tendem a ser ignoradas nas fantasias futuristas, mas influenciam as decisões tomadas pelos leitores. A falta de entusiasmo pelos livros eletrônicos não pode ser atribuída à tecnofobia dos leitores comuns, porque também acontece, segundo duas pesquisas, entre os "usuários avançados de tecnologia" e alunos que lêem manuais (*Publishers Weekly*, 9 de setembro de 2002).

Livros demais!

Os detalhes são críticos e têm ramificações inesperadas, às vezes tornando os aparelhos adequados para usos não previstos. O livro eletrônico não foi inventado para os deficientes visuais, mas se tornou ideal para a leitura com tipos gigantes. Da mesma forma, quando a McGraw-Hill lançou versões eletrônicas de seus livros científicos, pensava que os leitores os apreciariam pelo conteúdo, pela hipertextualidade e pela vantagem de ter o texto três meses antes de ser lançada a versão impressa (que terminaria sendo eliminada). Surpreendentemente, apesar de terem ocorrido vendas de livros eletrônicos, a demanda por livros impressos aumentou. Os anúncios para a versão eletrônica fizeram que mais leitores tomassem conhecimento do texto, e estes ficaram interessados em comprá-lo na versão impressa após ler algumas páginas de amostra na tela. Aproveitando essa experiência, e na tradição da indústria do *software* de fazer pré-lançamentos ou versões beta (para apresentar os programas, convidar os usuários para testá-los e reunir opiniões), a McGraw-Hill criou o site Betabooks, que permite aos leitores ler amostras e encomendar livros que ainda não foram publicados.

Seth Godin, autor do *best-seller Permission marketing*,[10] teve experiência semelhante. Após distribuir 125 mil cópias de *Unleashing ideavirus* no site www.ideavirus.com, recebeu encomendas suficientes para imprimir 28 mil exemplares (*Publishers Weekly*, 18 de setembro de 2000). O livro, ainda disponível **para** baixar gratuitamente (a permissão é dada para imprimir, mas não para encadernar), continua a ser vendido com capa dura, como brochura e livro eletrônico. Godin compara a distribuição livre pela Web com a distribuição livre de

---

10. *Marketing de permissão: transformando desconhecidos em amigos e amigos em clientes.* Rio de Janeiro: Campus, 2000 (tradução: Flavia Rössler).

GABRIEL ZAID

música pelo rádio: "Durante algum tempo o negócio da música lutou contra a idéia de as estações de rádio tocarem músicas por pouca ou nenhuma compensação. Então, lá pelos anos de 1950 compreenderam quão valiosa era a transmissão – tão valiosa que um inquérito do Congresso descobriu que as gravadoras estavam subornando os *disc jockeys* para tocar seus discos". Outro exemplo é o das bibliotecas públicas. Na prática, são um dos alicerces do mercado editorial, apesar de teoricamente imaginar-se pensar que ninguém compraria um livro que pudesse ler de graça.

A Amazon, que provocou uma revolução no mercado de varejo quando começou a vender livros on-line em 1995, expandiu suas ofertas para incluir livros eletrônicos e livros usados, ao mesmo tempo que começou a vender música e vários outros produtos. Considerando a inclinação tecnológica comum dos compradores e vendedores on-line, e dos editores de livros eletrônicos, poderia parecer lógico que estes fossem o maior sucesso. No entanto, a explosão veio mesmo com a venda de livros usados. De acordo com o segundo relatório trimestral de 2002, transações com terceiros (primariamente de livros usados) representavam 35% das encomendas e 20% das unidades vendidas. Isso sugere que a maioria das encomendas de livros usados é de exemplares únicos, encomendados aos milhares de livreiros que vendem por intermédio da Amazon e entregam diretamente aos compradores. Também sugere que a tecnologia digital, tal como no caso da impressão sob demanda, permite aos vendedores tirar vantagem de seus estoques, aumenta o ciclo de vida dos títulos e a diversidade da escolha dos leitores.

A tecnologia digital, admiravelmente explorada pela Amazon, atrai tanta atenção que distrai o público dos valores tradicionais da

Livros demais!

companhia, sem os quais a Amazon não teria sido sucesso: serviço eficiente, credibilidade, rápida incorporação de novos títulos, ampla seleção e permanente disponibilidade de estoque. Todas essas virtudes há muito tempo foram incorporadas por outros bons livreiros, e muitos estão agora aproveitando as vantagens da tecnologia digital em projetos individuais e coletivos como o Booksense.com, da American Booksellers Association (ABA). As livrarias independentes, especialmente, que tinham perdido parte do mercado para as grandes redes, não parecem estar a caminho da extinção como resultado do crescimento da Amazon. Segundo pesquisa feita pelo Ipsos Book Trends (*Publishers Weekly*, 9 de setembro de 2002), na primeira metade de 2002, os leitores compraram 557 milhões de livros de interesse geral para adultos (mais 1,6% sobre o mesmo período em 2001). As unidades por parcela de mercado decresceram para as redes (de 22,2% para 21,4%), os clubes do livro (de 22,1% para 19,6%) e as vendas por mala-direta (3,3% para 2,8%), mas cresceram para as livrarias independentes (13,5% para 14,4%), as vendas on-line (7,4% para 8,4%) e os livros usados (3,1% para 5,0%).

Reprodução e distribuição sem intermediários. Dois amigos não precisam de intermediários para conversar ao telefone. Muitos poemas da Renascença e do Barroco foram copiados à mão e circulavam entre os amigos dos autores, apesar de já existir a impressão. Hoje, fotocopiadoras, máquinas de fax e correio eletrônico permitem aos amigos reproduzir e distribuir textos não publicados entre si. Editores, distribuidores, livreiros, críticos, professores, parentes e amigos só se fazem necessários quando um texto trabalhado deve ser entregue a leitores anônimos – nossos amigos desconhecidos.

GABRIEL ZAID

O texto em si é um convite para o leitor anônimo. Idealmente, seria suficiente deixá-lo em um parque ou colocá-lo na Web para que seu público natural o descobrisse. A mão invisível do destino recolhe o texto perdido no caos. Mas a intervenção de anjos ou intermediários humanos faz diferença extraordinária entre a conversação e o caos. Os intermediários filtram o caos e criam constelações significativas, facilitando a troca do escritor com o leitor.

Mesmo a utopia da biblioteca universal virtual que inclua todos os livros do mundo requer intermediários para escolher os livros (não é qualquer fileira de palavras emendadas que se qualifica como tal), selecionar a versão adequada (o estudo das variantes textuais, que começou na biblioteca de Alexandria com Homero, prossegue hoje com Joyce e a ajuda de computadores, mas nunca será puramente mecânica), editá-los (livros devem ser apresentados de forma legível, e não apenas tipograficamente), catalogar, distribuir, criticar e recomendar. Decerto, toda essa mediação poderia acontecer na Web, o que faria sentido se o texto em questão fosse a tradução do copta para o latim. E, naturalmente, o escritor poderia ser seu próprio intermediário, como tantos já foram e continuarão a ser. Mas não é fácil para leitores em perspectiva, esses amigos ainda desconhecidos, descobrir um escritor entre milhões sem ajuda externa.

Independentemente das circunstâncias tecnológicas e econômicas, os intermediários continuarão a fazer diferença entre o caos aterrorizador e a diversidade que encoraja o diálogo. Cultura é conversação, e o papel do intermediário é o de dar forma a essa conversação e um novo sentido à vida dos leitores simplesmente ajudando-os a descobrir os livros que precisam ler.

Diversidade
e concentração

Como textos, os livros são parte de uma conversação que tende para a diversidade. Como objetos comerciais, são parte do mundo dos negócios, no qual idéias e realidades favorecem a concentração econômica. É possível que essas duas qualidades reforcem uma à outra, como o prova o sucesso da Amazon (concentração sustentada pela diversidade), mas outras formas de concentração (conglomerados, *best-sellers*) não promoveram a diversidade, apesar de tampouco terem sido capazes de eliminá-la.

No começo do século XX, havia milhares de fabricantes de automóveis (de fato, oficinas construindo unidades por encomenda), milhares de construtores de casas e de editores de livros. Cem anos depois, os fabricantes de automóvel desapareceram – apenas alguns gigantes da manufatura industrial permanecem. Mas nem os construtores de casas nem os editores sofreram o mesmo destino, apesar da existência de grandes conglomerados. A produção diversa e dispersa continua a ser competitiva. Isto tem a ver com a natureza das casas e dos livros. Nem tudo leva à concentração industrial.

O mercado editorial foi pioneiro de práticas que se espalharam por outros campos, como a imprensa de tipos móveis e a venda on-line. Por sua vez, adotou práticas iniciadas em outras indústrias. As livrarias não foram as primeiras a permitir a seus clientes que tivessem acesso direto às mercadorias (deixando que as manuseassem sem

GABRIEL ZAID

a intervenção de um vendedor, como é exigido nas joalherias). Mas essa prática tinha um sentido muito particular para os livros, e evoluiu a ponto de as livrarias providenciarem poltronas para leitura. Outras mudanças foram menos felizes.

Um famoso artigo na *Harvard Business Review*, de Theodore Levitt ("Marketing myopia", *Harvard Business Review*, julho-agosto de 1960, do qual mais de cem mil cópias reimpressas foram vendidas), criticou o fracasso das companhias de estradas de ferro, no começo do século XX, em aproveitar a oportunidade de ter o transporte rodoviário como meio de acelerar seu progresso (oferecendo serviço que ligasse as ferrovias e as auto-estradas, por exemplo) "porque entenderam que estavam no negócio das ferrovias e não no negócio de transporte". O artigo deslanchou a busca de horizontes mais amplos em muitas indústrias, que começaram a se perguntar: que tipo de negócio é realmente o nosso? Isso pode ter sido a origem dos conglomerados que hoje tentam integrar livros, jornais, revistas, cinema, rádio, música, televisão e a Internet em um conceito mais amplo, ou seja, a mídia. Na teoria, as afinidades são óbvias. O objetivo em cada caso é produzir, reproduzir e distribuir conteúdo. E, em muitos casos, o conteúdo que passa de um meio para outro é o mesmo (Harry Potter, por exemplo). Na teoria, as fusões deveriam alavancar economias de escala e operações combinadas (ou sinergia). No entanto, na prática e em relação ao resultado final, as esperadas sinergias foram desapontadoras.

As práticas gerenciais que derivam da aplicação da lei de Pareto – 80% dos lucros provêm de 20% dos produtos – levaram a resultados frustrantes. Desapontador, também, é o imperativo de que cada empreendimento gere lucro. Concentrar-se no mais lucrativo e livrar-se de todo o resto para aumentar os lucros da companhia pode ser efi-

Livros demais!

caz, mas também destrutivo: eliminar futuras fontes de renda, livrar-se de recursos pouco rentáveis mas que servem como contexto necessário para o funcionamento dos mais lucrativos, e tornar sem significado a missão da companhia. Muitos editores e livreiros tiveram suas empresas que faziam sentido adquiridas por conglomerados que não as compreendiam, mutilaram-nas, não alcançaram o sucesso esperado e as abandonaram.

Bons editores e livreiros vêem os livros de ambas perspectivas: como textos (ao redor dos quais conversações podem se organizar e constelações atraentes ser criadas) e como objetos comerciais. Isso quer dizer que inevitavelmente vai-se perder dinheiro em alguns títulos, seja por erro ou por necessidade (quando livros de vendas mais baixas ocupam um lugar natural na constelação). O truque é assegurar-se de que não se perca dinheiro na maioria dos títulos e de que alguns tenham sucesso suficiente para tornar lucrativa toda a operação. Quando essa dupla perspectiva é reduzida a uma única – os balanços trimestrais dos lucros –, a constelação torna-se menos interessante, e os lucros trimestrais não necessariamente aumentam.

A maior parte do lucro de uma editora provém de alguns títulos, e às vezes de apenas um. Originalmente, a tradição era aproveitar as vantagens dessa realidade. Um bom escritor de vendas baixas era mantido no catálogo por um bom editor (graças ao dinheiro trazido pelos escritores *best-sellers*) porque seu trabalho tinha um lugar na constelação e havia alguma esperança de que, no futuro, ele viesse a gerar dinheiro para sustentar outros bons autores. É claro, desde o século XIX, que houve autores (como Washington Irving e Mark Twain) com consciência da importância excepcional de um de seus livros para as contas de seus editores e que, recusando-se à prática tradicional, obtiveram bônus especiais ou imprimiram e distribuíram seus livros por sua conta em vez de subsidiar seus editores e colegas menos afortunados.

Mas os agentes literários e os conglomerados do século XX criaram um mercado focado em *best-sellers*, que arrancaram as estrelas financeiras das constelações em que faziam sentido e as colocaram em outro tipo de "constelação" – o sistema de estrelas. Ao mesmo tempo, encurtaram o horizonte financeiro, o ciclo de vida dos livros e o ciclo de emprego dos editores a serviço dos conglomerados. Editores independentes, que não eram executivos bem pagos em rotação constante e sim proprietários contentes em ganhar pouco porque desfrutavam sua liberdade e eram capazes de pensar em termos de décadas, perderam suas principais fontes de financiamento para o desenvolvimento de novos autores em longo prazo para executivos que pensavam em termos de balanços trimestrais e tinham de montar golpes espetaculares para o público mais amplo, a mídia e os bancos.

A primeira etapa foi relativamente fácil, porque envolvia atrair com ofertas irresistíveis escritores de constelações laboriosamente construídas. Depois, tornou-se necessário inventar estrelas instantâneas, investindo muito dinheiro e assumindo grandes riscos. A razão que torna possível conseguir lucros fantásticos com vendas enormes é que o preço médio dos livros é estabelecido baseado em títulos que vendem apenas alguns milhares de exemplares. Nessa base, um livro que recupera seus custos iniciais na edição em capa dura e continua vendendo tem uma margem de lucro alta na edição em brochura (mesmo com o preço mais baixo), multiplicada pelo maior volume de vendas. O volume pode ser extraordinário para os *best-sellers* do sistema de estrelas, mas, ao contrário das brochuras-padrão, exigem contratos onerosos, grandes bônus, custos adicionais e amplos investimentos

Livros demais!

(adiantamentos, promoções, grandes tiragens iniciais), que podem tornar-se irrecuperáveis se forem vendidos menos livros que o calculado. É um jogo sério e altamente especulativo.

Existem testemunhos eloqüentes de André Schiffrin, em *The business of books*, e de Jason Epstein, em *Book business*,[11] sobre essa evolução e suas conseqüências negativas, que expressam esperanças razoáveis para o futuro da diversidade. É impossível acreditar que o mercado editorial algum dia será como o automobilístico, que expulsou do mercado produtores de pequeno e médio porte. Livros que exigem grandes investimentos dos editores, como os megalivros do sistema de estrelas ou grandes enciclopédias, são um segmento do mercado que se dá bem com a concentração, mas não constituem todo o mercado.

O mercado de livros pode ser lucrativo em quase qualquer escala (de fato, operações de médio porte podem ser mais arriscadas que operações pequenas). O investimento mínimo exigido para participar é nada comparado com a produção de automóveis e outros produtos industriais de grande vendagem. O desenvolvimento de um novo produto farmacêutico exige anos e centenas de milhões de dólares. Mas o desenvolvimento de Harry Potter (cujo mercado é comparável com o de um produto farmacêutico) exigiu nada mais que o sacrifício pessoal e o talento de uma desempregada que trabalhava em casa. Sacrifício pessoal e talento também tornaram possível a criação de pequenas editoras e livrarias que finalmente se tornaram lucrativas. O maior conglomerado editorial do mundo, o Bertelsmann, começou com o esforço solitário de um vendedor de bíblias. Conglomerados

---

11. *O negócio do livro: passado, presente e futuro do mercado editorial.* Rio de Janeiro: Record, 2002 (tradução: Zaida Maldonado).

editoriais e redes de livrarias não tiraram do mercado todas as editoras, livrarias e escritores independentes. Será que isso acontecerá no futuro? Não é provável. O desenvolvimento da tecnologia farmacêutica aumentou o investimento mínimo necessário para entrar no mercado, mas a nova tecnologia editorial reduziu-os para o setor.

A tendência histórica rumo à diminuição dos custos relativos dos livros continua. Livros copiados à mão em pergaminhos eram um luxo a que só a aristocracia podia se dar. Imprimi-los em papel reduziu os custos de trabalho e matéria-prima. Isso possibilitou vender muitos exemplares mais do mesmo título, mas não apenas isso: também tornou possível a publicação de inúmeros títulos diferentes. A partir dos primeiros livros impressos por Gutenberg até os livros de bolso para o mercado de massas, os preços foram baixando. Ao mesmo tempo, explodiu o número de títulos. A reprodução e a distribuição eletrônicas de textos, com todas as suas limitações, diminuem ainda mais o custo da diversidade, que continua a florescer.

Na segunda metade do século XX cresceu extraordinariamente o número de estudantes universitários. Isso aumentou o número de pessoas que lêem, porém mais ainda o das pessoas que escrevem e querem ser publicadas. A idéia de ser publicado como forma de realização pessoal se expandiu: "81% dos americanos acham que deveriam escrever um livro, segundo uma pesquisa com 1.006 adultos encomendada pelo Jenkins Group [...] Jenkins estima que seis milhões de americanos tenham efetivamente escrito um manuscrito". No mundo acadêmico, essa aspiração pessoal se transforma em exigência profissional, sintetizada na frase "publique ou pereça". Livros acadêmicos, técnicos e didáticos representam metade do mercado.

A diversidade de assuntos é multiplicada pelo crescimento do

Livros demais!

conhecimento, pela proliferação de especialidades, pelo maior contato entre os países e as culturas, e pela criatividade social. Em uma sociedade rica e educada, o mais estranho dos *hobbies* é capaz de interessar a alguns milhares de leitores, o que faz valer a pena publicar um livro sobre o assunto. Isso aumenta o número de títulos publicados *per capita*.

As tecnologias que baixam o patamar de investimento e o custo do produto respondem às necessidades de uma população mais educada de ler e se expressar. Ao se enraizarem nessa realidade econômica, algumas formas de concentração que na verdade favorecem a diversidade podem prosperar. Porém, os que empobrecem a conversação em vez de enriquecê-la encontrarão as dificuldades inerentes à própria natureza dos livros. Existem muitos exemplos de compras, fusões e *best-sellers* que afinal provaram ser maus negócios.

Essa concentração de lucros em torno de poucos títulos é uma realidade antiga, mas um modelo perigoso para o planejamento. Como os editores admitem, ninguém possui a fórmula certa de produzir *best-sellers*. Mais importante ainda, os leitores não compram só os *best-sellers*. Dessa forma, a constelação editorial mais atraente inclui muitos livros com vendas mais baixas. Essa situação traz oportunidades para os editores e livreiros independentes que não estão disponíveis para os conglomerados e as redes. A tendência para a concentração no mercado editorial tem limites, ao passo que a tendência para a diversidade não tem. Dessa forma, o ruído e o vazio dos *best-sellers* representam uma ameaça menor para a leitura que o ruído e o vazio do caos. Felizmente, ainda existem pessoas e organizações desejosas de separar o ruído da música, definir constelações de livros e organizar debates para a consideração comum. Enquanto essas tradições estiverem vivas, podemos confiar que prevalecerá a riqueza nutritiva da diversidade.

Este livro foi impresso em:
Capa: Papelcartão Art Premium 250 g/m²
Miolo: Chamois Fine Dunas 80 g/m²
da Ripasa S/A , fabricado em harmonia com o meio ambiente.

IMPRESSO NA
sumago gráfica editorial ltda
rua itauna, 789 vila maria
02111-031 são paulo sp
telefax 11 **6955 5636**
sumago@terra.com.br